「その数字、裏付

と言わせ

Accounting Thinking

Discount
Cash Flow

Return On
Equity

【図解】会計思考を使ってビジネス戦略・分析ができる本

Key Goal
Indicator

Key Performance
Indicator

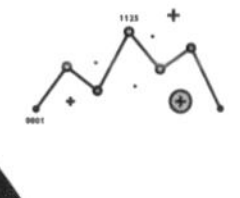

Key Factor for
Success

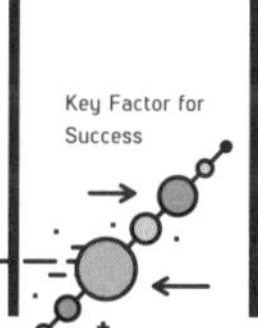

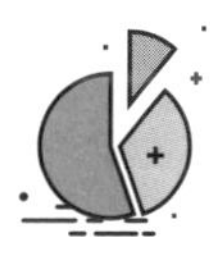

Return On
Asset

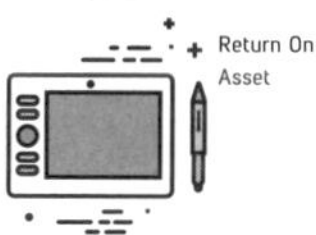

Tatsuo Kojima
小嶋辰緒
税理士

SE
SHOEISHA

はじめに

ビジネスにかかわっていれば、程度の差はあっても会計についてご存じの方も多いかと思います。しかし、会計知識をビジネスに活用できている方はどのくらいいるでしょうか？　「知っている」と「活用できている」とでは、ご自身の仕事への影響が大きく変わってきます。

本書は、会計に苦手意識のある企業経営者やビジネスパーソンが、会計知識を基礎からインプットし、会計をビジネスに活用(アウトプット)できるようになるための「会計思考力」を身につけることをゴールにしています。

会計知識がある方にとっては、第１章や第２章は退屈な部分があるかもしれません。そのような場合は第１章や第２章は流し読み程度で、第３章を中心にお読みいただければと思います。

第１章では、知っておきたい会計の前提や決算書の基礎を学び、知識の土台作りをします。第２章では、経営指標によって企業の現状把握ができるよう、事例を交えながら「５つの観点」の経営分析手法を解説しています。最後の第３章では、第１章、第２章で覚えた知識を実際にビジネスの現場で活用するためのPDCAサイクルとして、KPIマネジメントを中心に、実践形式で会計思考力を高められる構成になっています。

さらに、第３章の後半では「もう一歩先へ進みたい方へ」として、ファイナンス指標を９つ挙げているので、ファイナンスの観点からKPIマネジメントを行う際に参考にしていただければと思います。

本書をきっかけにわずかでも経営状況の改善や経営目標が達成されることがあれば、この上ない喜びです。最後になりましたが、この書籍の出版にかかわってくださった皆さま、家族のサポートに心より感謝いたします。

2020年8月

小嶋辰緒

本書を読む前に …… 8

第1章 会計をビジネスで活かすためのキホン …… 9

なぜ今、会計やファイナンスの知識が必要なのか

ビジネス必要不可欠な存在 …… 10 ／会計の役割とは？ …… 12 ／
現場で必要な会計知識のレベル …… 14

会計の前提を知っておこう！

企業の目的って？…… 16 ／資金提供には見返りが必要!? …… 18 ／
２つの会計が果たす役割 …… 20

知っておくべき決算書の概要

決算書とは、３つの表の総称 …… 22 ／３つの決算書の役割 …… 24 ／
連結財務諸表とIFRS …… 26

貸借対照表の全体像を知っておこう！

B/Sに記載されるものとは？ …… 28 ／
B/Sを構成する要素の中身は？ …… 30 ／
MINI INFO ３種類のB/S …… 33

損益計算書の全体像を知っておこう！

P/Lに記載されるものとは？ …… 36 ／５つの利益が示すこと …… 38 ／
MINI INFO ３種類のP/L …… 40

キャッシュ・フロー計算書の全体像を知っておこう！

C/Sに記載されるものとは？…… 42 ／

C/Sの各項目がいいたいこと！…… 44 ／ MINI INFO 2種類のC/S …… 46

第2章 決算書の「使える」読み方 …… 47

決算書を活用した分析

決算書はすべてつながっている …… 48 ／

「5つの観点」からの経営分析 …… 52

観点1　総合力の分析

【基礎】投資がどのくらい利益を上げているか …… 55

【基礎】①自己資本利益率 ROE(Return On Equity) …… 56

【基礎】②投下資本利益率 ROIC(Return On Invested Capital) …… 60

【基礎】③総資産利益率 ROA(Return On Asset) …… 62

MINI INFO 日米欧上場企業のROE、ROAの推移 …… 65

企業分析の下準備 …… 66

【実践】ビックカメラの分析＜ステップ1・2＞ …… 71

【実践】＜ステップ3＞指標分析 …… 76

観点2　安全性の分析

【基礎】企業の支払い能力や体力がわかる …… 81

【基礎】①流動比率 …… 83

【基礎】②当座比率 …… 85

【基礎】③固定比率 …… 86

【基礎】④固定長期適合率 …… 87

【基礎】⑤自己資本比率 …… 88

【実践】イオンの安全性分析＜ステップ1・2＞ …… 90

【実践】＜ステップ３＞指標分析 92

観点３　収益性の分析

【基礎】各利益が売上高に占める割合がわかる 98
【基礎】①売上総利益率 99
【基礎】②営業利益率 100
【基礎】③経常利益率 101
【基礎】④当期純利益率 102
MINI INFO イオンの収益構造 103
【実践】イオンの収益性分析＜ステップ１・２＞ 104
【実践】＜ステップ３＞指標分析 106

観点４　効率性の分析

【基礎】資産や負債の活用状況がわかる 110
【基礎】①総資産回転率と回転期間 112
【基礎】②売掛債権回転率と回転期間 113
【基礎】③棚卸資産回転率と回転期間 114
【基礎】④仕入債務回転率と回転期間 115
【実践】すかいらーくの分析＜ステップ1・２＞ 116
【実践】＜ステップ３＞指標分析 117

観点５　成長性の分析

【基礎】他の観点をベースに、成長度合いがわかる 121
【基礎】①ROE、ROAの成長性 122
【基礎】②売上高の増減率 123
【基礎】③営業利益の増減率 125
【基礎】④経常利益の増減率 126
【実践】イオン（単体）の成長性の分析 127

第3章 ビジネスを成長させる「会計思考」活用術 …… 131

おさらい「会計思考力」とは? …… 132

理論編 …… 133

決算分析をビジネスに活用

会計思考を活用したPDCAサイクル …… 134
KGI、KPI、KFSとは何か …… 136
KGI、KPI、KFS の関係性 …… 138
KPI マネジメント …… 139
KPIマネジメントのフロー …… 140
KPI マネジメント＜練習＞ …… 142

KPI設定までのプロセス

①現状把握 …… 144 ／②ありたい姿の設定 ③ギャップの抽出 …… 145 ／
④プロセス分析 …… 146 ／
⑤仮説設定 ⑥KPI設定 ⑦実践とモニタリング …… 147

実践編 …… 149

＜事例＞個人・小規模事業(飲食店)の場合

①現状把握 …… 150 ／②ありたい姿の設定 …… 152 ／
③ギャップの抽出 …… 154 ／④プロセス分析 …… 156 ／
⑤仮説設定 …… 158 ／⑥KPI設定 …… 159 ／⑦実践とモニタリング …… 161

＜事例＞中堅・大企業の場合

①現状把握 …… 162 ／②ありたい姿の設定 …… 164 ／

③ギャップの抽出 …… 166 ／④プロセス分析 …… 167 ／⑤仮説設定 …… 168 ／
⑥KPI設定 …… 169 ／⑦実践とモニタリング …… 170

＜事例＞業績管理組織の場合

①現状把握 …… 171 ／②ありたい姿の設定 …… 173 ／
③ギャップの抽出 …… 175 ／④プロセス分析 …… 176 ／
⑤仮説設定 …… 178 ／⑥KPI設定 …… 180 ／⑦実践とモニタリング …… 182

もう一歩先へ進みたい方へ …… 183

ファイナンスの全体像を知っておこう！

ファイナンスの役割と目的 …… 184

ファイナンス指標を学ぶ

企業価値を数値化する …… 185
９つの指標 …… 186

評価手法を学ぶ

企業評価としてのファイナンス …… 192

コラム

キャッシュレス決済＜その１＞ …… 89
キャッシュレス決済＜その２＞ …… 124
全員参加型「アメーバ経営」 …… 148
EBITとEBITDA …… 197

本書を読む前に

本書のテーマである「会計思考力」という言葉に明確な定義はありません。筆者が考える会計思考力は、「会計をベースにビジネスで発生する問題を分析し課題を特定して、実践に活用する力」だととらえています。そこで本書では、第1章から第3章までを「会計思考力を身につける実践フロー」という構成で解説していきます。

第1章で身につける！
「会計の目的を理解できる力」

会計には、簿記という手段でP/LやB/Sを作成し、利害関係者に企業の財政状態や経営成績を報告することと、企業内部が事業計画を立てることで業績管理を行うという2つの目的があることを理解できるようになる。

第2章で身につける！
「決算書を読み取り、分析できる力」

決算書の分析で重要な「5つの観点」を理解し、自分のビジネスにおいて必要な時に5つの観点の分析手法を使いこなせるようになる。

第3章で身につける！
「決算分析をビジネスに活用できる力」

決算書の分析結果をビジネスに活用し事業を成長させるために必要な、事業の目標数値の設定、進捗管理、改善活動というPDCAサイクルを回せるようになる。

第1章

会計をビジネスで活かすためのキホン

ビジネスに必要不可欠な存在

経営目的を達成するために

多くのビジネスパーソンは、会計に興味をもつ機会がなかったり、あえて会計を遠ざけてきたりした方も多いのではないでしょうか。そして、少なくとも本書を手に取ってくださった皆さんは、何となくだとしても、仕事をする中で会計が必要だな、と思う機会があった人だと思います。そのような考えは決して間違いではありません。

企業の多くは経営上の目的をもって活動しています。現に自社のホームページに、理念やミッションなどを掲載して経営スタンスをオープンにして活動している所も増えてきました。こうしたことからも、**企業はそれぞれの経営上の目的を達成するために日々のビジネスを行っている**といえます。また当然のことではありますが、ビジネスにはお金が必要です。この**お金を継続的に集めるために工夫し、売上を作っていく**ことが企業を経営するのに重要になってくるのです。

組織が成長するために

日々工夫をして継続的に売上を上げていくためには、経営上の理念やミッションという定性的な目標だけではなく、定量的な数値化できる目標設定と、その達成度合いも重要になってきます。

残念ながら、その目標はほうっておいて達成できることはまれでしょう。売上目標を立て、その達成のために必要なコストを計算し、モニタリングと改善の取組みがポイントになってくるのです。この定量的な数値の把握は、会計のルールにより集計され、集計された数値を基に業績管理を行い、その結果である実績が企業評価(ファイナンス)の指標によって評価されます。こうしたことから、会計やファイナンスの知識やスキルは、**組織が成長するためのPDCAを行うために必要**であるといえます。

組織の成長を支える「会計」のPDCAサイクル

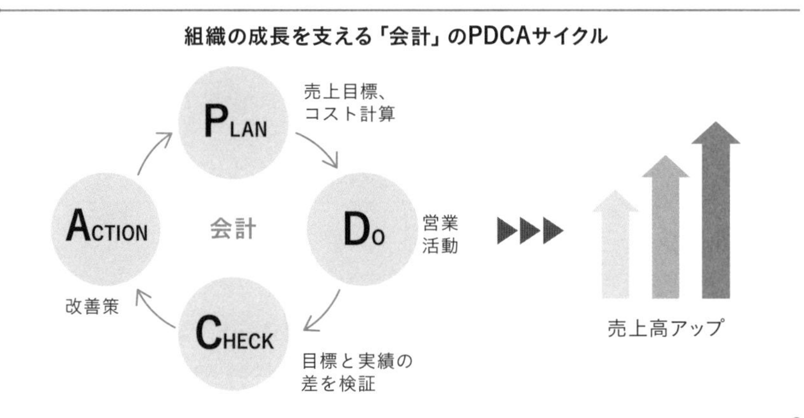

会計は、目標達成にも活用できる

皆さんは組織に属する以上、経営のPDCAに関与されているのではないでしょうか。例えば、上司から売上(受注)やコスト削減の目標を設定されて、いつまでに、いくら実行せよ、というようなお達しが出たことはありませんか？　これらは会社経営者からマネジメント層(役員→部長→課長)に伝達され、現場スタッフまで会計面で影響を受けていることの一つです。そのため役職が上がれば上がるほど、経営者の意図の汲み取り、その有用性を自分のスタッフに伝達するために会計の知識やスキルが必要となるのです。

また、それを受け取るスタッフにも会計知識とスキルがあれば、理解力が高まって目標達成へさらに一歩近づくことができます。これを理解せずに伝達すると、それぞれのコミュニケーション間でギャップが生まれて、経営自体がうまくいかないことにもなり得ます。会計を使いこなす技術は、経理部などの専門職でなくても、**経営のPDCAを回すために有効に活用できるツール**といえます。

会計の役割とは？

説明すること

「会計」とひと言でいってもいろいろな種類がありますが（会計の種類については後述します）、役割とはどのようなものなのでしょうか。

もともと「会計」の語源は、中国の『史記』に記載されている「計は会なり」に由来しているとのことで、集める、説明するなどの意味があるようです。また、会計を英語に訳すると「accounting」になり、その「account」の説明（する）という意味からも、**会計は説明することがその役割**であると考えられます。説明には、企業内部で情報共有するためのものもありますが、**外部の人に説明する場合にも会計は重要な役割を果たしている**のです。

企業活動を数値化して、他社比較を可能に

企業の経済活動にはお金が必要と前述しましたが、お金の獲得方法は、「本業によって生み出す場合」「外部から借りてくる場合」「外部に出資してもらう場合」と多様にあります。その際に外部の資金提供者（利害関係者）への説明という重要な役割が会計にはあるのです。説明する内容は企業活動の取引データを集約した決算書で行われます。決算書に反映される会計のルールは共通化されていることから、外部の利害関係者はその報告によって状況を把握することが可能になり、他社などと比較検討することができるというわけです。これらをまとめると、企業において会計は、経済的活動（お金に関する取引）のすべての記録を集約したもの、イコール**経済活動の定量的な可視化と情報化（とその情報の報告）**といえます。

企業の経済活動を可視化した報告ツールが「決算書」

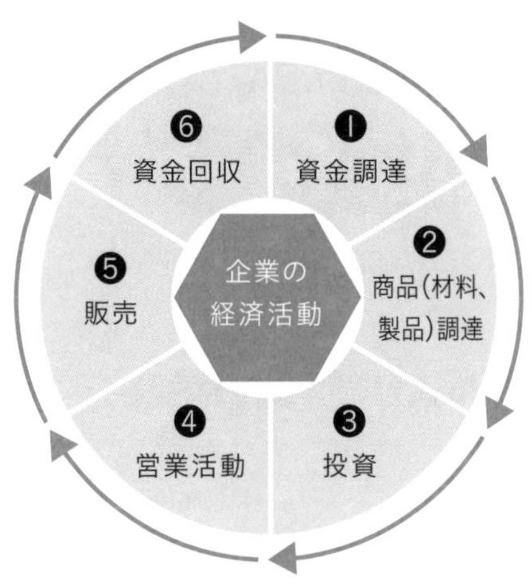

可視化

貸借対照表

株式会社●×▲　　2021年12月31日　　(単位:千円)

資産		金額	負債および資本	金額
現金		234,000	買掛金	1,020,000
当座預金		965,000	資本金	2,860,000
売掛金	1,200,000		当期純利益	434,000
貸倒引当金	-60,000	1,140,000		
商品		700,000		
備品		1,275,000		
		4,314,000		4,314,000

損益計算書

株式会社●×▲　　2021年1月1日から2021年12月31日　　(単位:千円)

科目	金額	
売上高		1,100,000
売上原価		380,000
売上総利益		720,000
販売費及び一般管理費		625,000
営業利益		95,000
営業外収益		
受取利息	160	
受取配当金		

現場で必要な会計知識のレベル

専門スキルより、言葉の意味を理解する

会計の専門家を目指すわけでなければ、高度な専門スキルは必要ありません。ビジネスの現場では、足し算や引き算などの四則計算ができれば十分ですが、**会計用語が示す意味や役割を理解することは必要**です。そのために最低限知っておくべき事項をこれから、それぞれのコンテンツの中で解説していきます。ただし、これらの知識を無理に暗記する必要はありません。本書を読み終わるころに、決算書の内容が理解できれば十分です。必要なものほど数多く反復するので、そのうちに嫌でも頭に入ってきます。

求められる知識は、職位によって違う

会計の知識は、立場によって求められるレベルが異なります。企業の規模にもよりますが、社長や役員などの経営者クラスであれば、企業全体の経営戦略にかかわる取組みに影響するため、貸借対照表(Balance Sheet：以下、B/S)、損益計算書(Profit and Loss Statement：以下、P/L)、キャッシュ・フロー計算書(Cash Flow Statement：以下、C/S)の３つの表(以下、財務３表)をすべて読める力が必要です。

部長や課長クラスであれば、組織ごとのP/Lの理解は必須でしょう。部長はさらにB/Sがわかるといいですね。それ以外のスタッフクラスは、上司である部長や課長が作り出すビジョンと数字の兼ね合いを理解するために、上司と同じく組織別のP/Lを理解できる力があると一般的に望ましいといわれています。ただし筆者の経験上、ビジネスの中で自社の売上や利益、企業規

模、業界の中での自社の位置づけなど聞かれることも多く、答えられずに恥をかかないためにも、企業経営に関与する以上、**すべてのビジネスパーソンは自社の財務３表の基礎的な理解ができるようになっておくとよい**と考えます。さらに、営業や取引先の経営支援に関与する人は、取引先の財務３表も理解しておくと、課題解決のために活躍できる場面が増えるのではないでしょうか。

立場によって必要になる会計知識は異なる

役職	必要な知識レベル
社長、役員	財務３表をすべて理解できる
部長	P/LとB/Sを理解できる
課長	P/Lを理解できる
スタッフクラス	P/Lを理解し、組織長の説明を把握できる

スタッフクラスまで、財務３表の基礎的な読み取りができるとキャリアアップにつながる！

ビジネス・コミュニケーションの円滑にも

ここまで読んだだけでも、会計は、可視化された有効なビジネスツールだということが何となくわかってもらえたと思います。

最低限必要となる知識は役職によって異なりますが、スタッフクラスでも会計知識を経営層に合わせたレベルで身につければ、経営層と「会計」という共通言語で会話することが可能になります。

そして身につけた会計知識は、活用次第でご自身のキャリアアップにもつながるはずです。この定量的な指標を理解しながら、ビジネス上のコミュニケーションを縦横断的に取ることでスムーズに連携することができ、関係者間で認識のズレが減ることによって、企業経営が順調にいくことが多くなるというわけです。

会計の前提を知っておこう！ | 01

企業の目的って？

企業は誰のもの?

会計について知る前に、**「企業の目的」をしっかりと理解しておくことが重要**です。ここでいう企業の目的とは、その企業のありたい姿やミッションやビジョンなど抽象的なものではなく、企業が共通してもっておく必要がある目的のことです。

しばしば、「企業は誰のものか？」という議論を耳にしますが、その人の視点や立場によってさまざまな解釈があるようです。企業を従業員のもの、反対に経営者のものと考える人もいるでしょう。そのどれもが間違いではありません。しかし、企業が獲得した利益は、株主に還元されることを考えれば、**企業は株主が所有するもの**といって間違いないでしょう。それを軸に見ると、企業の目的の一つとして大事なことは、ゴーイングコンサーンを基に、**継続的に利益を作り出していくこと**であり、そのために**経済活動が必要**となるのです。

「企業の目的」と「会計情報」のつながり

企業が経済活動を行うためには、人、ものなどが必須であり、その調達のために**お金が必要**になります。企業が経済活動を開始する際に必要となるお金は、自己資金を出資することもありますが、**金融機関からの融資**や、**株主からの出資**によって賄われます。

そしてこれらの資金調達のためには、融資や出資を受ける側の会計情報の取りまとめと、資金提供者に対する会計情報の提供が必要となってくるのです。

企業の目的を成し遂げるために会計は必要不可欠

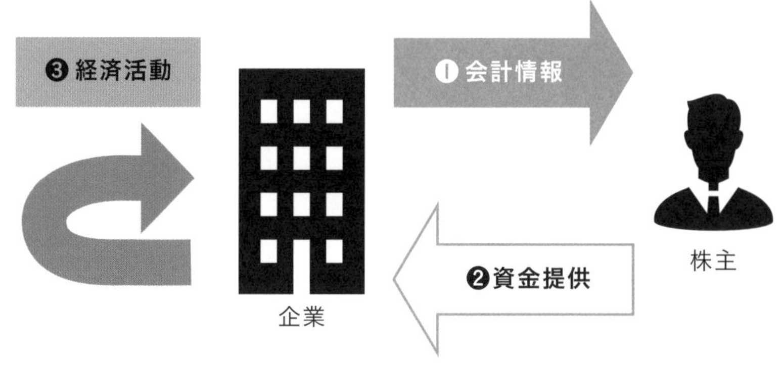

知っトク会計用語

【ゴーイングコンサーン（going concern）】
企業が将来にわたり継続的に事業を行っていくという前提。この前提の下、会計制度などは構築されている。なお、継続的な赤字などによって、事業活動の継続の前提に重要な疑いを抱かせるような事象があるときは、有価証券報告書などの財務諸表に継続企業の前提に関する注記が記載される。

【経済活動】
お金と、ものなどの取引のこと。ここでは企業がサービスや商品を他の企業や消費者に提供するために必要な、人、もの、情報等を調達し、経営を成り立たせる活動のことを意味する。

【株主】
企業が発行する株式を所有する個人や法人のこと。その企業の経営に関する意思決定に関与できる権利（議決権）をもつ。

【融資】
資金を必要とする企業や人に、他者が資金を一時的に融通すること。企業が融資という場合、金融機関から調達することが一般的である。また、一時的に融通された資金は返済が必要であり、金利を負担することになる。

【出資】
企業活動を行う際に資金を提供すること。この資金は企業の資本金等を構成することになり、株式会社に出資した場合、出資者はその株式会社の株主となる。返済は不要であるが、出資者はその見返りに株式の値上がりによって生じる利益や配当を受ける。

資金提供には見返りが必要!?

タダじゃお金は出してくれない

企業が継続的に利益を創出するためには、お金が必要と話しました。企業がそのお金を集めることを資金調達といいますが、調達方法は、銀行などからの融資や社債を発行したり、出資を受けたりすることが一般的です。いずれの資金調達も他者が企業に対してお金を提供することは同じですが、通常お金を提供する以上、資金提供者はその見返りを求め、その見返りに違いがあります。

融資や社債の発行による調達では、企業は資金の提供者に見返りとして「利息」を支払います。また、提供された資金は一時的なものであることから返済が必要になります。

出資による調達では、出資者は株式を保有して「配当」を得たり、その「株式の価値の値上がり」を期待したりします。また、株主は企業経営について関与する権利をもつことになります。出資は基本的に資金の提供者に対してその出資金の返済義務はありません。

資金提供の検討に決算書が活用される

資金提供者は、見返りを求めて資金提供するので、当然ですがその見返りに見込みがあるのかをシビアに検討します。その**検討のためのツールの一つになるのが決算書**です。会計情報をまとめた決算書は、現在の企業の経営状況と将来の経営状況の見込みを定量的に確認することができる、大切なツールというわけです。

財務会計のアウトプットは決算書

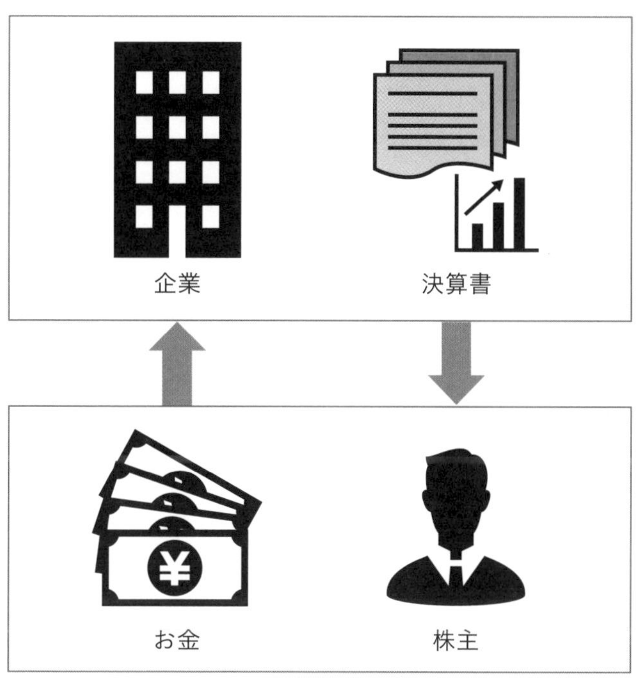

知っトク会計用語

【社債】

融資のような性質があり、返済（償還）が必要なもの。社債を発行する企業を債務者とし、資金提供者を債権者という。あらかじめ決めた方法により償還される。社債の種類は、普通社債や後々株式と交換できるような転換社債型新株予約権付社債などがある。

【配当】

企業が稼ぎ出した利益の一部を株式の持ち分に応じて出資者に配分すること。出資の見返りの一つ。

【株主の権利】

株主には、その出資額に応じて、創出された利益に対する配当を請求できる権利と、経営について意見を反映させる権利（取締役の選任などの議決権）がある。

2つの会計が果たす役割

目的達成のために重要な2つの会計

企業の会計には大別すると**「財務会計」**と**「管理会計」**があります。どちらも企業にとって大事な会計ですが、それぞれの目的によって異なる活用がされています。

外部報告資料の取りまとめを行う「財務会計」

「財務会計」は企業の外部利害関係者（資金提供者等）に対して**報告することを目的**としたもので、**企業の財政状態、経営成績を表すための決算書を作成するため**のものです。財務会計上のルールに従って、日々の企業の経済活動を記録し集計して、一定期間の成果である企業の財政状態や経営成績を決算書に表します。そのため、経営者が自社の経営状況を把握するためにも使われます。なお、このような企業内の取りまとめは経理部を中心に行われ、決算発表として世間に報道されたり、決算書が新聞や企業のホームページなどに掲載されたりして外部に報告されます。

企業内で経営者らが活用する「管理会計」

一方の「管理会計」は、**企業の経営目標達成のための内部指標**として経営者や部門責任者を中心とした内部関係者が自社で活用するための会計です。経営者が意思決定する際の判断材料の提供や、企業の業績の進捗管理などが目的です。

さらに、管理会計をベースに作られた事業計画は外部に報告することもあるため、管理会計の目的の一つに、**外部に公表している事業計画を達成するためのもの**と考えることもできます。

具体的には、事業計画(企業の財政状態や経営成績の目標)を立て、その計画を達成するため、計画と実績の差を認識して要因分析や業績管理を行います。

例えば、事業計画の売上高の目標は10億円だったが、実際には9億円しか達成できなかったような未達成の場合では、両者を比較して、目標達成ができなかった要因や、今後の対策をまとめた報告書を作成し、今後の目標設定や行動計画の意思決定をする経営会議で活用されます。これら**一連の数字のベースとなるのが管理会計**で、通常は企業内の経営企画部や経営管理部などの部署が対応していることが多いです。

2つの会計の違い

	財務会計	管理会計
目的	外部への報告書類の作成のため	社内の経営管理のため
利用者	外部の利害関係者(投資家、銀行など)	経営者や部門責任者(社長、部課長など)
主な内容	会計基準に基づいた決算情報	自社で決めた管理指標の予算と実績

知っトク会計用語

【財政状態】

企業にあるお金やその他の資産、負債などの状況のこと。

【経営成績】

企業がお金やその他の資産などを活用して得た収益やコスト、利益の状況のこと。

決算書とは、3つの表の総称

決算書の構成

企業が経済活動を行っていく中で、多くの取引が存在します。そのお金にまつわる取引の一つひとつを会計ルールに従って帳簿に仕訳という形で記録したものを集計することで決算書が完成します。そのため決算書は企業活動の結果を取りまとめたアウトプットの成果物といえます。この成果物から取引を読み取る必要があるため、決算書の構成を知っておく必要があるのです。

取引の記録である会計情報は決算書に集約されますが、**決算書の構成は、貸借対照表(B/S)、損益計算書(P/L)、キャッシュ・フロー計算書(C/S)の3つ**の表を指すことが一般的です。この3つの表さえ押さえておけば、最低限ビジネスに必要な会計知識を知っていることになります。

なぜ、C/Sは重要なのか?

3つの表の中でも特になじみが薄いのが、キャッシュ・フロー計算書(Cash Flow Statement)ではないでしょうか。「C/F」と略されることもありますが、この本では「C/S」と表記し、単に「キャッシュ・フロー」という意味で使う場合は、略さずに「キャッシュ・フロー」としています。

決算書には、外部の利害関係者に企業の経済活動を説明するという重要な役割があります。外部の利害関係者とひと口にいっても、株式を上場している企業などでは、一般の人からプロの投資家まで多岐にわたり、その人たちに対して、詳しい現金の流れや用途をわかりやすく提供することが求められるため、法律でC/Sの作成義務が定められているのです。

３つの財務諸表の基本形式

貸借対照表
(Balance Sheet)

資産		負債	
資産	流動資産	流動負債	負債
	固定資産	固定負債	
	繰延資産	純資産	

損益計算書
(Profit and Loss Statement)

科　目
売上高
売上原価
売上総利益
販売費及び一般管理費
営業利益
営業外収益
受取利息
受取配当金
為替差益
その他営業外収益
営業外費用
支払利息
その他営業外費用
経常利益
特別利益
固定資産売却益
特別損失
固定資産除売却損
税引前当期純利益
法人税、住民税及び事業税
当期純利益

キャッシュ・フロー計算書
(Cash Flow Statement)

営業活動によるキャッシュ・フロー
投資活動によるキャッシュ・フロー
財務活動によるキャッシュ・フロー
現金及び現金同等物の増加額
現金及び現金同等物の期首残高
現金及び現金同等物の期末残高

3つの決算書の役割

B/Sからは「企業の財政状態」がわかる

B/Sからわかる「企業の財政状態」というのは、企業がどれだけのストックを保有しているか、つまりどれだけ利益を上げて、現金や資産がどれだけあるか、それらをどのように調達したかなど、**資金面から見た企業の体力**がわかるということです。

さらに、B/Sの役割は「企業の財務力を表すこと」ともいえます。財務力とは、資金のほかに、**継続して利益を作り出すために必要な体力**があるのかを表す力のことを指します。

P/Lからは「企業の経営成績」がわかる

P/Lは、経営活動に基づいた一定期間の**「売上」「経費」「利益」などの経営成績の累計**が表示されます。売上はいくらか、何にいくら使ったのか、その結果の利益はいくらだったのかなどです。

比較的ビジネスパーソンに関連性の高い数字なので、なじみやすいかもしれません。P/Lの役割は「企業の収益力を表すこと」ともいえます。

収益力とは、**企業がどれくらい売上を上げ、利益を稼ぎ出すことができるかを表す力**のことです。

C/Sからは「企業の現金の出入り」がわかる

詳しくは後述しますが、C/Sは現金の出入りを項目ごとに区分して表示します。本業での収支(収入と支出の総称)のほかに、固定資産の購入や売却による収支はいくらだったのか、資金調達の収支はいくらあったのかなど、C/Sの役割はB/SやP/Lをパッと見ただけではわからない、**現金の増減の内訳を表す**ことなのです。

なお、固定資産とは、主に設備投資や1年以上の長期的な投資額のことで、B/Sの資産の部(詳細はP.31を参照)に表示される、流動資産と繰延資産以外の資産を指します。

3つの財務諸表が示すこと

B/S	企業活動により蓄積された**財務力**
P/L	企業活動による**収益力**
C/S	企業活動による**現金の増減**の内訳

非公開企業のC/S

非公開企業にはC/Sの作成義務がないので、C/Sを見たことがない中小企業経営者も少なくないようです。なぜ作成義務がないかというと、株式公開企業に比べ株主が限定的であり、株主保護の要請が低いからだと考えられます。

また、非公開企業では決算書を確認する外部の利害関係者は、比較的会計の専門的な知識をもった金融機関や税務署の職員などが多いので、C/Sがなくても、B/SとP/Lを見れば、現金の流れや使途などがわかるので義務化されていません。

ただし、実際のビジネスの現場では、**C/Sもしくは、それに代わる資金繰り表などを作成し、予算や現金の流れを把握することがとても重要**です。

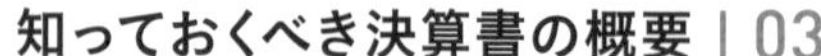

連結財務諸表とIFRS

連結財務諸表とは

財務諸表の中には、1つの企業のものだけではなく、親会社と子会社さらには孫会社など、グループ会社を含めて表示する「連結財務諸表」といわれるものがあります。これは、グループ会社の複数の決算書を合算しつつ、そのグループ間で発生した取引を除いたものが表示されます。

これにより複数のグループ会社を1つの企業とみなして、財務諸表で表示することが可能になります。連結決算のメリットは、グループ間の取引を除きグループ以外の取引だけを表示することで、**グループ全体の経営状況が明確になる**ということです。

IFRSとは

国内企業の決算書の多くは、日本の会計ルールをベースに作成されていますが、上場企業などにおいては、海外企業との比較を想定して、国際的な会計基準のIFRS(国際財務報告基準)を採用した財務諸表もあります。

IFRSでは、B/Sを「財政状態計算書」、P/Lを「純損益及び包括利益計算書」と呼び、その記載事項もやや異なりますが、C/Sはほぼ日本基準のものと同様です。

IFRSは、2020年4月現在208社の企業で採用されており、サービス業や情報・通信業、電気機器関係の企業での導入が目立ちます。

2013年12月期にIFRSを導入した楽天は、海外でのM&A(合併と買収)の増加による効率化、海外投資家の持ち株比率の増加などを理由に採用しています。また2017年3月期にIFRSを導入したパナソニックでは海外のグループ企業と会計ルールを統一することによる経営管理上の効率化を目的に採用したとされています。

導入企業の多くは、このように**国際的な比較性や経営管理の効率化**を理由にしており、ここ数年IFRSを導入する企業は毎年30社を超えていることからも**日本企業のグローバル化が進んでいる**ことがわかります。なお、2020年現在日本ではIFRSは強制適用されておらず、任意適用企業を拡大していくという方針が採られています。

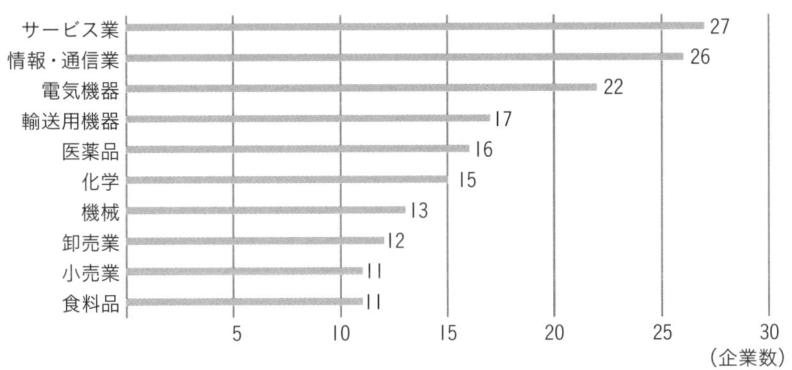

(出典) 日本取引所グループのホームページを基に編集部が集計

知っトク会計用語

【連結グループ】
出資割合等に基づき、親会社を中心として資本（出資）関係があるグループ会社と会計情報を統合することになるグループの総称。

【会計基準】
財務諸表を作成するルール。会計基準自体は法律ではないが、企業間の比較を目的に一定の基準を用いることで、一般的に妥当な処理を会計ルールとして定めている。

【IFRS（イファース、アイファース、アイエフアールエスなどの読み方がある）】
International Financial Reporting Standardsの略。日本語訳では「国際財務報告基準」。国際的な会計基準を検討する団体「国際会計基準審議会（IASB）」が設定し、世界各国で採用されている。国際間で比較することができるのでグローバル企業にとって有用。

B/Sに記載されるものとは？

「資産」「負債」「純資産」の違い

ここまでは財務３表からわかることや、その役割を紹介しました。ここからはいよいよそれぞれの表に、何が、どのように記載されているのか、次図にある一つひとつの項目を順に見ていきます。といっても、第１章は会計の入門的な内容なので気楽に読み進めてください。

貸借対照表の６つの区分と性質

B/S			
資産	① 流動資産	④ 流動負債	負債
	② 固定資産	⑤ 固定負債	
	③ 繰延資産	⑥ 純資産	

【資産】
将来の収益獲得のためにつながるもの

【負債】
今後支払わなければならないもの

【純資産】
資産と負債の差額。株主からの出資と稼ぎの蓄積

まず、前ページの図(以下、左図)の左側にある「資産」ですが、現在企業が保有している現金預金や今後現金預金になる債権、将来にわたり活用し利益を作り出す固定資産など、**企業が保有するプラスの財産**が記載されています。

片や右側にある「負債」には、未払金や借入金など今後支払う必要があるような債務、いわば**マイナスの財産**が記載されています。

左側の「資産」と一文字違いで紛らわしいですが、「負債」の下の「純資産」には、株主が出資した資本金を基に企業活動によって稼ぎ出された利益や、目減りした損失などの累計を表しています。これは**プラスの財産とマイナスの財産の差し引きの財産(稼ぎの蓄積)**です。左図では省略していますが実際の純資産は、資本金、資本剰余金、利益剰余金などさらに詳細に分けられていて、その内訳が記載されています。

さらに6つの区分に分けられている

B/Sは、「資産」「負債」「純資産」という大きな区分をさらに6つに分けることができます。「資産」と「負債」は、それぞれ短期的なものと長期的なものなどの性質ごとに分け、「資産」は流動資産(左図の①)、固定資産(左図の②)、繰延資産(左図の③)、「負債」は流動負債(左図の④)、固定負債(左図の⑤)に区分し、6つ目が「純資産」となります。

なお、**短期・長期の目安は1年間**です。例えば、**流動資産であれば、現金預金や債権など、1年以内に現金として回収できる資産**を記載します。それ以外の資産は固定資産となります。

知っトク会計用語

【債権】
今後入金が予定されている(請求できる)権利。

【債務】
今後支払いをしなければならない義務。

【借入金】
債務のうち、金融機関等の他者から借りているお金。

貸借対照表の全体像を知っておこう！ | 02

B/Sを構成する要素の中身は？

「資産」「負債」「純資産」に含まれる項目

B/Sには6つの区分があることがわかりましたが、ここでは、その中に記載される細かな項目について解説していきます。まずは、前節のB/Sの図よりもう少し会計らしくなった次図を見てください。

貸借対照表の構造

B/S

資産の部	負債の部
①流動資産	④流動負債
現金及び預金 売掛金 商品 有価証券	支払手形 買掛金 短期借入金
	⑤固定負債
②固定資産	長期借入金
有形固定資産 無形固定資産 投資その他の資産	純資産の部
	⑥純資産
③繰延資産	株主資本 資本金 資本剰余金 利益剰余金
開業費	

B/Sの資産の部

「流動資産」に含まれる項目は、現金預金や債権などがあります。現金預金には、いわゆる現金(小口現金やレジ現金など)、普通預金など金融機関に預けている資金残高などが記載されています。

債権とは、商品を販売し売上は立っているけれど、まだ入金前の売掛金や、他者に資金を貸している貸付金など、今は現金化されていないが、今後1年以内に現金化されるようなものが該当します。そして、1年を超えても回収できない債権は、固定資産にカテゴライズされるのです。

さらに「流動資産」には、商品在庫なども分類されますが、これも1年で売上(現金化)に結びつくような性質なので、この流動資産に含まれています。

一方の**「固定資産」**の項目は、有形固定資産、無形固定資産、投資その他の資産の3つに分けられます。有形固定資産は建物や工具、器具、備品などの長期間で使用するもの、無形固定資産はソフトウエアなど形のないもの、投資その他の資産には、有形固定資産や無形固定資産には該当しない投資有価証券や関係会社株式などが記載されています。

「繰延資産」は、費用支出したもののうちサービスの提供を受けているもので、その効果が将来にわたって発現するような費用、開業費や社債発行費、開発費などが記載されています。

B/Sの負債の部

「流動負債」に含まれる項目は、支払手形や買掛金、未払金など取引先に対して後日支払うもの、従業員の賞与などを積み立てている賞与引当金、1年以内に返済する短期借入金などが表示されています。

一方の**「固定負債」**には、従業員などの退職金に備えて積み立てている退職給付引当金、1年以上かけて返済していく長期借入金などがあります。

流動負債、固定負債の両方に記載されている「借入金」とは、その名のとおり、借り入れしたお金のことです。つまり「融資」の未返済残高が記載されているのです。

B/Sの純資産の部

純資産の部の株主資本に含まれる項目は、資本金、資本剰余金、利益剰余金などです。**資本金**には、会社設立時や株式を追加発行したときに株主から会社に出資された金額を表示します。**資本剰余金**は、さらに資本準備金とその他資本剰余金に区分されています。資本金ではないものの、資本金に準じる項目ぐらいの把握で十分だと思います。

利益剰余金は、利益準備金とその他利益剰余金に区分されています。利益剰余金は、その名のとおり企業が生み出した利益のあまり（剰余）を累積したものです。利益準備金は、企業が配当したときに一定額を積み立てるというルールがありますが、企業の努力によって積み立てられた利益剰余金がその原資となっています。

知っトク会計用語

【勘定科目】
会計上の財務諸表に表示するためにその目的ごとに金額を集計するための項目。例えば、現金預金、売掛金、売上高、広告宣伝費など。

【有価証券】
会計では目的に応じて、次表のとおり4つの区分で表示される。

保有目的による区分	内　容
売買目的有価証券	時価の変動による売買を目的とした有価証券。 流動資産に有価証券として表示される
満期保有目的の債券	満期が到来するまで保有する債券。 投資その他の資産に投資有価証券として表示される
子会社・関連会社株式	子会社の支配や関連会社へ影響力をもつことを目的として保有する株式。 投資その他の資産に関係会社株式として表示される
その他の有価証券	上記以外の有価証券。 投資その他の資産に投資有価証券などと表示される

MINI INFO

3種類のB/S

財務３表は、その用途によって「公告用」「社内用」「有価証券報告書用」の３種類(C/Sは「公告用」がなく２種類)の形があります。今後、財務情報にふれたときに戸惑わないように、用途ごとに形式や項目数に違いがあることを覚えておきましょう。なお、形式が異なっても数字やその内容は変わりありません。

官報や日刊新聞に掲載される公告用のB/S(例)

株主総会で承認等を得たB/S(大会社はP/Lも)は、特定の利害関係者に限らず広く会社の情報を公開することが法律で定められています。このように一般に公開することを決算公告といい、官報や日刊新聞、自社のホームページなどで公開されています。

第18期決算公告

令和○年6月○日 福岡市中央区天神　　**株式会社**
代表取締役

貸借対照表の要旨　　(令和○年3月31日現在)　(単位:千円)

資産の部		負債及び純資産の部	
科目	金額	科目	金額
流動資産	144,528	流動負債	76,575
固定資産	3,146	賞与引当金	11,564
		その他	65,011
		固定負債	67,672
		退職給付引当金	67,672
		株主資本	3,427
		資本金	10,000
		資本剰余金	12,825
		資本準備金	12,825
		利益剰余金	△19,398
		その他利益剰余金	△19,398
		(うち当期純利益)	(△23,876)
資産合計	**147,674**	**負債・純資産合計**	**147,674**

主に社内向けに作成されるB/S（例）

主に社内で使用することを目的に作るものなので、特に経理の方はなじみのある形式だと思います。次ページで紹介する有価証券報告書の形式は、上場企業や一部の非上場企業が作成するものですが、こちらは企業規模にかかわらず作成されます。社内向けB/Sでよく使用される形式(勘定式)の特徴は、左側と右側を並べて表示する点です。会計のルールでは、左右の列の合計金額が同じになるので、上から下に表示していく有価証券報告書の形式(報告式)よりわかりやすく、こちらの勘定式が主に使われていることが多いようです。

貸　借　対　照　表

(2021年3月31日 現在)

株式会社○×△　　　　(単位:千円)

資産の部		負債の部	
科　目	金　額	科　目	金　額
【流動資産】	246,100	【流動負債】	99,400
現金及び預金	120,000	支払手形	16,000
売掛金	85,000	買掛金	25,000
商品	32,000	短期借入金	50,000
有価証券	7,000	預り金	1,300
未収金	1,500	未払金	3,600
立替金	600	未払法人税等	3,500
【固定資産】	391,300	【固定負債】	158,000
【有形固定資産】	108,000	退職給付引当金	38,000
建物付属設備	67,000	長期借入金	120,000
工具器具備品	36,000	負債合計	257,400
車両運搬具	5,000	純資産の部	
【無形固定資産】	150,000	科　目	金　額
ソフトウエア	150,000	【株主資本】	380,000
【投資その他の資産】	133,300	資本金	100,000
投資有価証券	15,000	資本剰余金	50,000
関係会社株式	118,300	利益剰余金	230,000
		純資産合計	380,000
資産合計	**637,400**	**負債・純資産合計**	**637,400**

●— 有価証券報告書として作成されるB/S

有価証券報告書では、上から下に勘定科目を表示していく形式(報告式)が採用されています。次章からは、この有価証券報告書を使用して分析を行っていきますので、ここで少し慣れておくといいでしょう。

2020年2月期のニトリホールディングスの貸借対照表

(単位:百万円)

●1枚目「資産の部」

	前事業年度 (2019年2月20日)	当事業年度 (2020年2月20日)
資産の部		
流動資産		
現金及び預金	48,955	73,458
売掛金	1,990	1,690
前払費用	743	749
短期貸付金	116,901	97,102
未収入金	1,989	2,529
未収還付法人税等	9,773	—
その他	5	4
流動資産合計	180,359	175,534
固定資産		
有形固定資産		
建物	※1 53,639	※1 50,488
構築物	2,410	2,240
機械及び装置	398	347
車両運搬具	13	42
工具、器具及び備品	371	356
土地	94,650	94,668
リース資産	1,515	1,377
建設仮勘定	396	167
有形固定資産合計	153,396	149,688
無形固定資産		
借地権	3,957	3,957
ソフトウエア	621	3,201
ソフトウエア仮勘定	3,219	4,837
その他	2	2
無形固定資産合計	7,800	11,998
投資その他の資産		
投資有価証券	3,573	3,297
関係会社株式	59,430	62,217
長期貸付金	441	414
従業員に対する長期貸付金	519	502
長期前払費用	4,939	4,499
繰延税金資産	4,901	5,316
差入保証金	10,522	9,298
敷金	13,254	13,239
その他	2,688	2,706
投資その他の資産合計	100,271	101,492
固定資産合計	261,468	263,179
資産合計	441,827	438,713

●2枚目「負債の部」「純資産の部」

	前事業年度 (2019年2月20日)	当事業年度 (2020年2月20日)
負債の部		
流動負債		
1年内返済予定の長期借入金	2,000	2,000
リース債務	138	138
未払金	3,132	3,576
未払法人税等	722	1,656
預り金	283	353
賞与引当金	274	410
株主優待費用引当金	343	282
その他	※1 772	※1 612
流動負債合計	7,667	9,029
固定負債		
長期借入金	6,000	4,000
リース債務	1,377	1,239
役員退職慰労引当金	145	145
長期預り敷金保証金	※1 6,458	※1 6,253
資産除去債務	2,742	2,763
その他	480	428
固定負債合計	17,205	14,831
負債合計	24,872	23,860
純資産の部		
株主資本		
資本金	13,370	13,370
資本剰余金		
資本準備金	13,506	13,506
その他資本剰余金	2,920	7,481
資本剰余金合計	16,426	20,987
利益剰余金		
利益準備金	500	500
その他利益剰余金		
別途積立金	53,600	53,600
繰越利益剰余金	339,031	331,116
利益剰余金合計	393,131	385,216
自己株式	△7,391	△5,762
株主資本合計	415,537	413,812
評価・換算差額等		
その他有価証券評価差額金	947	750
評価・換算差額等合計	947	750
新株予約権	470	289
純資産合計	416,955	414,852
負債純資産合計	441,827	438,713

損益計算書の全体像を知っておこう！ | 01

P/Lに記載されるものとは？

5つの利益

P/Lからは、企業が一定期間に稼ぎ出した売上の合計額やその売上獲得のために使ったコスト、その結果獲得できた利益などを読み取ることができます。P/Lを見るときのポイントは、**それぞれの段階や性質に応じて、利益が5つに区分けされている**ことです。右ページでは、もっとも重要となるこの5つの利益の求め方を中心に見ていき、詳しい内容は次節で説明します。

5つの利益の構造

P/L　(単位:千円)

科目	
売上高	1,100,000
売上原価	380,000
❶ 売上総利益	720,000
販売費及び一般管理費	625,000
❷ 営業利益	95,000
営業外収益	3,125
受取利息	160
受取配当金	2,000
為替差益	850
その他営業外収益	115
営業外費用	394
支払利息	380
その他営業外費用	14
❸ 経常利益	97,731
特別利益	1,600
固定資産売却益	1,600
特別損失	550
固定資産除売却損	550
❹ 税引前当期純利益	98,781
法人税、住民税及び事業税	33,580
❺ 当期純利益	65,201

売上高	1,100,000
売上原価	▲380,000
❶ 売上総利益	720,000

売上総利益	720,000
販売費及び一般管理費	▲625,000
❷ 営業利益	95,000

営業利益	95,000
営業外収益	3,125
営業外費用	▲394
❸ 経常利益	97,731

経常利益	97,731
特別利益	1,600
特別損失	▲550
❹ 税引前当期純利益	98,781

税引前当期純利益	98,781
法人税等	▲33,580
❺ 当期純利益	65,201

❶売上総利益（粗利）＝売上高－売上原価

売上高と売上原価の差額が売上総利益(いわゆる粗利)として表示されます。売上原価とは、**商品等の仕入れや製造に関連したコストのうち、売上に応じて変動する費用**のことです。売上獲得に必要な最低限のコストであり、業種によって内容は異なります。

❷営業利益＝売上総利益（粗利）－販売費及び一般管理費

販売費及び一般管理費の項目に記載されるのは、**売上原価以外で通常本業で発生するコスト**です。この販売費及び一般管理費の「販売費」とは、人件費や広告宣伝費などの売上を上げるために必要なコストのことです。一方の「一般管理費」には、家賃や手数料など、通常企業を運営するために必要なコストが該当します。

❸経常利益＝営業利益＋本業以外の収入（営業外収益）－本業以外のコスト・損失（営業外費用）

営業利益に本業以外の活動による収入と費用を加減算したものが経常利益と呼ばれ、**毎期経常的(定期的)に発生する利益**としての性質があります。

本業以外の収入やコスト、損失には、預金の受取利息や融資の支払利息などが含まれます。

❹税引前当期純利益＝経常利益＋特別利益－特別損失

経常利益に特別利益と特別損失を加減算したものが税引前当期純利益と呼ばれ、**税金を控除する前の利益**として表示されます。

❺当期純利益＝税引前当期純利益－法人税等

日本の会計基準では、税引前当期純利益から法人税等を引くと、最終利益となる当期純利益が表示されます。法人税等とは、国税である「法人税・地方法人税」と地方税である「事業税・住民税」を指します。**企業は、国と都道府県・市区町村に対して納税する義務がある**ので、国税と地方税に区分されています。

5つの利益が示すこと

P/Lの「利益の構造」

「利益の構造」というと難しく感じますが、前節で説明したP/Lの５つの利益の計算と同じことです。ここで簡単に整理しておきますが、最初に売上高による収益を原資としてスタートし、それぞれの段階でかかったコストや収入が加減算され残ったものが、それぞれの段階で５つの利益になるという構造です。

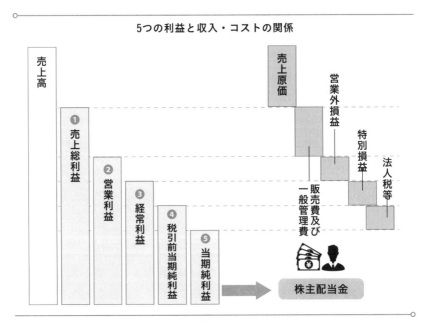

5つの利益と収入・コストの関係

❶売上総利益が示すこと

粗利とも呼ばれる売上総利益で重要なのは、売上総利益の売上に対する比率(売上総利益率)です。そもそも売上を獲得するために最低限必要なコストである売上原価を控除した利益率の増減は、経営にとってもっとも重要な数字です。**毎期適切な売上総利益率を計上できているのか、同業他社などと比較しつつ確認していくことが大切**です。

❷営業利益が示すこと

営業利益は、本業によって継続的に発生する利益を表しています。その企業が継続的に稼ぎ出すことが可能な利益を示すことから、その**企業本来の収益力を読み取る**ことができます。

❸経常利益が示すこと

経常利益は、その名のとおり、毎年経常的に発生するような**本業以外収益費用も含めた経常的に発生が見込める利益**です。

❹税引前当期純利益が示すこと

税引前当期純利益は、**その会計期間で発生した臨時的な内容を考慮した利益**です。その期間で発生したイレギュラーな利益と損失が計上されることから、この損益は収益力の面では前年度と比較するようなものではなく、単年度ベースで確認すべきものです。税引前当期純利益の増減にどのような影響があったのかは特別損益項目を確認することで把握できます。

❺当期純利益が示すこと

当期純利益は、企業がその会計期間で稼ぎ出して残った最終利益を表します。最終利益なので法人税等の税金も差し引いたあとの金額です。配当を行っている企業では、**この最終利益から株主に配当金を分配するので、株主にとっては重要な指標の一つ**です。この当期純利益は最終的に企業の蓄えとして、P/LからB/Sの純資産の部に累積表示され、企業の財産に移り変わります。

MINI INFO

3種類のP/L

官報や日刊新聞に掲載される公告用のP/L（例）

第8期決算公告

令和○年6月30日 山口県下関市彦島迫町○丁目○番○号
株式会社
代表取締役社長

貸借対照表の要旨　（令和○年3月31日現在）（単位:百万円）

資産の部		負債及び純資産の部	
流動資産	6,891	流動負債	3,392
固定資産	6,282	（修繕引当金）	(8)
有形固定資産	5,261	固定負債	78
無形固定資産	86	（退職給付引当金）	(7)
投資その他の資産	935	（役職退職慰労引当金）	(2)
		株主資本	9,703
		資本金	4,000
		資本剰余金	4,000
		利益剰余金	1,703
		その他利益剰余金	1,703
資産合計	13,173	負債・純資産合計	13,173

損益計算書の要旨

（自 令和○年4月1日
至 令和○年3月31日）（単位:百万円）

科目	金額
売上高	14,692
売上原価	13,337
売上総利益	1,355
販売費及び一般管理費	638
営業利益	717
営業外収益	41
営業外費用	74
経常利益	684
特別利益	250
特別損失	28
税引前当期純利益	906
法人税、住民税及び事業税	320
法人税等調整額	△41
当期純利益	627

大会社でP/Lの公開義務がある会社は、この青囲みのように、P/Lが記載されている

社内向けに作成されるP/L（例）

損益計算書

（自 2020年4月1日 至 2021年3月31日）

株式会社○×△　（単位:千円）

科目	金額	
売上高		1,100,000
売上原価		380,000
売上総利益		720,000
販売費及び一般管理費		625,000
営業利益		95,000
営業外収益		
受取利息	160	
受取配当金	2,000	
為替差益	850	
その他営業外収益	115	3,125
営業外費用		
支払利息	380	
その他営業外費用	14	394
経常利益		97,731
特別利益		
固定資産売却益	1,600	1,600
特別損失		
固定資産除売却損	550	550
税引前当期純利益		98,781
法人税、住民税及び事業税		33,580
当期純利益		65,201

P/Lの5つの利益は上から順に計算していくので、その過程がわかりやすいように一般的にはこの形式（報告式）が使われている。
なお、P/Lの形式には右左に2列で表示する勘定式もある

有価証券報告書として作成されるP/L

2020年２月期のニトリホールディングスの損益計算書

（単位:百万円）

	前事業年度 (自 2018年2月21日 至 2019年2月20日)	当事業年度 (自 2019年2月21日 至 2020年2月20日)
売上高		
不動産賃貸収入	29,545	25,963
関係会社受取配当金	57,526	4,448
売上高合計	87,071	30,411
売上原価		
不動産賃貸原価	21,812	21,263
売上原価合計	21,812	21,263
売上総利益	65,258	9,147
販売費及び一般管理費	※2 7,888	※2 10,158
営業利益又は営業損失(△)	57,370	△1,010
営業外収益		
受取利息	578	539
受取配当金	37	36
経営指導料	6,703	10,123
その他	419	337
営業外収益合計	7,739	11,037
営業外費用		
支払利息	75	64
その他	0	16
営業外費用合計	76	81
経常利益	65,032	9,945
特別利益		
違約金収入	49	4
新株予約権戻入益	11	3
特別利益合計	60	7
特別損失		
減損損失	―	378
固定資産除売却損	53	22
関係会社株式評価損	5,857	3,967
その他	62	―
特別損失合計	5,973	4,367
税引前当期純利益	59,119	5,585
法人税、住民税及び事業税	2,633	2,156
法人税等調整額	△302	△341
法人税等合計	2,331	1,814
当期純利益	56,788	3,771

必ずP/Lの一番上にあるので、「売上高合計」を「トップライン」と呼ぶこともある

一番下にあるので、「当期純利益」を「ボトムライン」と呼ぶこともある

C/Sに記載されるものとは？

現金増減の要因が表示されている

C/Sには、直接法と間接法という２つの表示方法があります。本書は会計の専門書ではないので両者の違いについて解説は行いませんが、ここでは作業負担が少ないことを理由に一般的に企業で採用されることが多い、間接法をベースに解説していきます。

間接法は、P/Lの**税引前当期純利益（４番目の利益）を計算のスタート**として、**お金の流れを調整して現金預金の増減要素を表示する**方法です。**現金の増減の詳細はB/Sだけでも、P/Lだけでもわかりません。それを解決するのがC/Sです。**わかりにくいかもしれませんが、P/L上でお金の流れが考慮できない項目を、C/Sで区分ごとに調整して表示しているものとイメージしてください。

例えば、B/Sでは、現金を設備投資に使ったことや、銀行から融資を受けて借入金が増加したことはわかりますが、P/Lではその事実を把握することができません。また、P/Lでは売上を計上しますが、売上を計上するタイミングは会計基準で決まっているので、P/Lに表示されている売上金額のうち、回収済みなのか未回収なのか、また、それらの金額を把握することもできません。さらに、P/Lに経費が計上されていても、その支払いが済んでいるのか、これからなのかもP/Lではなく、B/Sの買掛金・未払金などを見ないとわかりません。

よく、「利益が出ているのに現金が増えていないのだけど、なんで？」と中小企業の経営者の方から聞かれますが、理由はこのようなP/Lと現金収支のズレによることが影響しています。

「営業（本業）」「投資」「財務」の3区分

C/Sは、次図のように大きく3つに分かれていて、区分ごとの内容は文字どおりですが、「営業活動によるキャッシュ・フロー」は、**本業によって稼ぎ出した現金の内訳**を表します。「投資活動によるキャッシュ・フロー」は、**主に設備投資や固定資産の増減などの内訳**を表します。「財務活動によるキャッシュ・フロー」では、**融資や出資などの資金調達の増加や返済による支出、配当金の支出**などを表示し、現金の増減を表しています。

キャッシュ・フロー計算書の構造

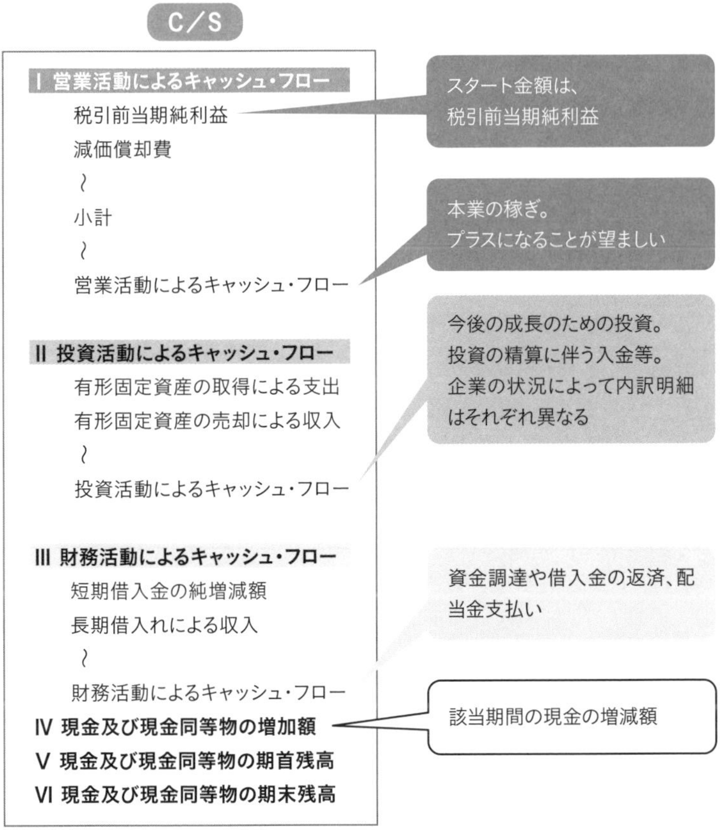

C/S

Ⅰ 営業活動によるキャッシュ・フロー
税引前当期純利益
減価償却費
～
小計
～
営業活動によるキャッシュ・フロー

Ⅱ 投資活動によるキャッシュ・フロー
有形固定資産の取得による支出
有形固定資産の売却による収入
～
投資活動によるキャッシュ・フロー

Ⅲ 財務活動によるキャッシュ・フロー
短期借入金の純増減額
長期借入れによる収入
～
財務活動によるキャッシュ・フロー
Ⅳ 現金及び現金同等物の増加額
Ⅴ 現金及び現金同等物の期首残高
Ⅵ 現金及び現金同等物の期末残高

スタート金額は、税引前当期純利益

本業の稼ぎ。プラスになることが望ましい

今後の成長のための投資。投資の精算に伴う入金等。企業の状況によって内訳明細はそれぞれ異なる

資金調達や借入金の返済、配当金支払い

該当期間の現金の増減額

C/Sの各項目がいいたいこと！

「営業活動によるキャッシュ・フロー」

C/Sに表示されている内容は、業種業態や営業戦略、タイミングに応じて変動するものなので、どのような状態が正解であるとはいい切れませんが、本業による収支の成果を表す「営業活動によるキャッシュ・フロー」は、**基本的に増加していることが望ましい**といえます。そうでないと通常の営業活動だけで、投資や融資の返済に回す資金が確保できていない状態にあるからです。

また、この「営業活動によるキャッシュ・フロー」の区分が継続的に資金増加に寄与していない、となると**本業の収益性に問題がある**ことが考えられます。利益が多く出ているのに「営業活動によるキャッシュ・フロー」が少ない場合は、売掛金の未回収があったり、買掛金の支払いが多かったりすることなども考えられます。

残り2つのキャッシュ・フロー

残り2つの「投資活動によるキャッシュ・フロー」「財務活動によるキャッシュ・フロー」は、「営業活動によるキャッシュ・フロー」で獲得した資金をどのように使用したのか、もしくは「営業活動によるキャッシュ・フロー」がマイナスの場合には、どのようにその不足を補てんしたのかを読み取ることができます。

もう少し具体的にいうと、「投資活動によるキャッシュ・フロー」では、P/Lだけではわからない現金の増減を確認することが可能になるのです。

例えば、獲得した現金を設備などの資産や、投資にどれだけ回しているのか、逆に資産を売却したことによる現金の獲得状況などが表示されます。

「投資活動によるキャッシュ・フロー」と企業の投資傾向の関係

企業によって投資の内容はさまざまです。大規模な施設や拠点などが必要な企業であれば、建物や土地などの有形固定資産への投資が多くなる傾向があります。

例えば、三菱地所など不動産関連業などでは都市開発にかかる投資が必然的に多くなってきますし、IT系のインフラを活用している楽天などの企業であれば、ソフトウエアなどの無形固定資産などへの投資が多くなります。

一方、設備投資でなく企業に投資する企業も多くあります。ソフトバンクグループのようなM＆Aが盛んな企業は、投資有価証券、関係会社株式などの金額が大きくなります。

また、新興企業であれば、**創業期には多くの投資コストがかかるため、「投資活動によるキャッシュ・フロー」の支出が大きくなります**。

このように「投資活動によるキャッシュ・フロー」からは、企業が自社の成長のために何に積極的に投資を行っているかを把握することができます。

「財務活動によるキャッシュ・フロー」の特徴

「財務活動によるキャッシュ・フロー」では、他区分で獲得した資金を融資の返済に回している状況や配当金の支払いなどを知ることができます。さらに、不足資金や設備投資のための資金調達を融資で賄っていること、株式の発行による資金調達などの状況までも読み取ることができ、**資金の調達源泉などもわかるのが特徴**です。

C/Sもほかの財務諸表と同様に、企業や業種による特徴を踏まえて読み解くことが重要となってきます。

2種類のC/S

C/Sは公告する必要がないので、社内用(次表の左)と有価証券報告書用(次表の右)の2つになります。

主に社内向けに作成される キャッシュ・フロー計算書(例)

(単位:百万円)

I 営業活動によるキャッシュ・フロー	
税引前当期純利益	420
減価償却費(+)	16
支払利息(+)	6
売上債権の増加(−)	▲18
棚卸資産の増加(−)	▲13
仕入債務の増加(+)	30
その他負債の増加(+)	3
小計	**444**
利息の支払(−)	▲9
法人税等の支払(−)	▲120
営業活動によるキャッシュ・フロー	**315**
II 投資活動によるキャッシュ・フロー	
有形固定資産の取得による支出(−)	▲40
有形固定資産の売却による収入(+)	15
有価証券の取得による支出(−)	▲70
有価証券の売却による収入(+)	3
投資活動によるキャッシュ・フロー	**▲92**
III 財務活動によるキャッシュ・フロー	
短期借入金の借入による収入(+)	9
短期借入金の返済による支出(−)	▲42
長期借入金の借入による収入(+)	6
長期借入金の返済による支出(−)	▲15
配当金の支払額(−)	▲90
財務活動によるキャッシュ・フロー	**▲132**
IV 現金及び現金同等物の増加額	**91**
V 現金及び現金同等物の期首残高	**145**
VI 現金及び現金同等物の期末残高	**236**

2019年3月期のカプコンの 連結キャッシュ・フロー計算書

(単位:百万円)

	前連結会計年度 (自 2017年4月1日 至 2018年3月31日)	当連結会計年度 (自 2018年4月1日 至 2019年3月31日)
営業活動によるキャッシュ・フロー		
税金等調整前当期純利益	15,149	17,770
減価償却費	4,706	3,228
減損損失	−	393
貸倒引当金の増減額(△は減少)	△36	32
賞与引当金の増減額(△は減少)	604	223
退職給付に係る負債の増減額(△は減少)	253	214
受取利息及び受取配当金	△71	△189
支払利息	103	80
為替差損益(△は益)	134	△127
固定資産除売却損益(△は益)	104	30
売上債権の増減額(△は増加)	7,059	△858
たな卸資産の増減額(△は増加)	1,588	1,621
ゲームソフト仕掛品の増減額(△は増加)	4,069	8,876
仕入債務の増減額(△は減少)	△3,690	1,665
その他	6,320	△7,286
小計	36,296	25,675
利息及び配当金の受取額	73	191
利息の支払額	△101	△81
法人税等の支払額	△1,546	△5,938
営業活動によるキャッシュ・フロー	34,721	19,847
投資活動によるキャッシュ・フロー		
有形固定資産の取得による支出	△2,767	△2,093
有形固定資産の売却による収入	0	4
無形固定資産の取得による支出	△150	△112
投資有価証券の取得による支出	△13	△14
その他の支出	△259	△182
その他の収入	343	138
投資活動によるキャッシュ・フロー	△2,847	△2,261
財務活動によるキャッシュ・フロー		
短期借入金の純増減額(△は減少)	△5,000	−
長期借入金の返済による支出	△1,323	△1,473
リース債務の返済による支出	△509	△414
自己株式の取得による支出	△5	△6,001
配当金の支払額	△2,738	△3,554
財務活動によるキャッシュ・フロー	△9,577	△11,443
現金及び現金同等物に係る換算差額	△96	323
現金及び現金同等物の増減額(△は減少)	22,201	6,464
現金及び現金同等物の期首残高	24,337	46,539
現金及び現金同等物の期末残高	※ 46,539	※ 53,004

第2章

決算書の「使える」読み方

決算書はすべてつながっている

第2章のミッション

第２章の目指すゴールは、**「決算書を読み取り、分析できるようになること」**です。一方、本書の一番のテーマともいえるのは、次の第３章のゴールである**「決算分析をビジネスに活用できるようになること」**です。

ここだけ読むと第２章はたいしたことないと思うかもしれませんが、人によっては一番キツイのは第２章かもしれません。ROE、ROIC、ROAなど、同じような単語が並び、一見面倒に見える計算式も多く登場します。しかし、一つひとつの意味を理解していけば難しいことはありません。**「自分のビジネスだったらどのように使えるだろうか」**ということを常に意識しながら、知識のインプットに取り組んでみてください。

本章で学んだ分析指標を次章で使いこなせるよう、情報の引き出しを多く作っておきましょう。

会計の大枠となる、B/SとP/Lの関係性

第１章でそれぞれ個別に説明してきた財務３表のB/S(Balance Sheet：貸借対照表)、P/L(Profit and Loss Statement：損益計算書)、C/S(Cash Flow Statement：キャッシュ・フロー計算書)は、実は**すべて連動**しています。特に、P/LとB/Sは複式簿記という会計処理を行うことによって、それぞれがリアルタイムでつながっているのです。

経営状況が１つのストーリーのようにつながっているというのは、会計の仕組みの面白さであり、会計の大枠を把握する上でも大事なことです。言葉

だけではイメージしにくいでしょうから、まずは下の関係図を見てください。

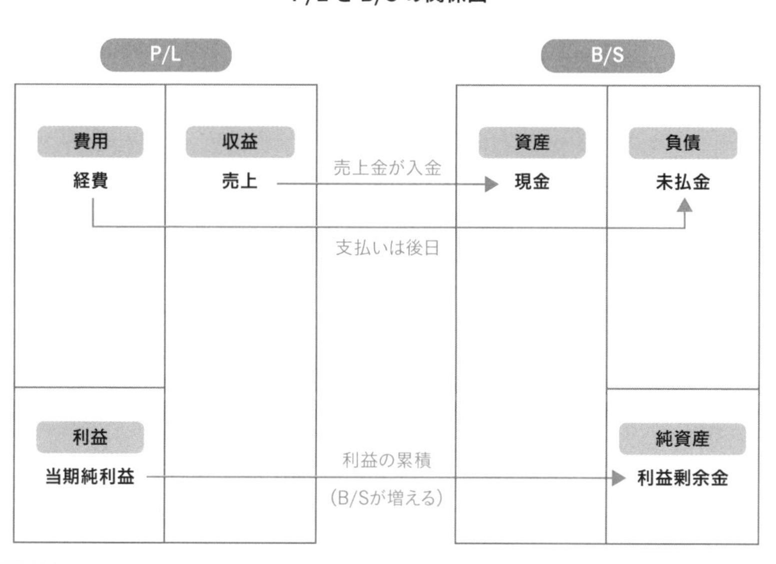

上図の矢印が示すように、例えば売上が上がり売上金が入金されたときは、現金(B/Sの資産)が増えるのと同時に、売上高(P/Lの収益)が上がります。経費の発生があって支払いが後日のときは、経費(P/Lの費用)が増えるのと同時に、未払金(B/Sの負債)が計上される、といったようになっています。

日々の取引を経て会計期間が終了すると、P/Lの最終的な利益「当期純利益」は、B/Sの過去からストックされている利益「純資産」に新たに加えられるという仕組みです。

C/Sで現金の動きを読む

B/SとP/Lは密接につながっているといいましたが、**現金がどう動いたのかだけは、B/SやP/Lだけではつかめません。**そこでいよいよC/S(間接法)の登場です。P/Lをベースに、C/S上で現金のプラスやマイナスの調整を行って、現金全体の動きを補足するのです。

B/S、P/L、C/Sのつながり

C/Sのスタート（1行目）は、税引前当期純利益（P/Lの最終利益の1つ前）になります。P/LとC/Sがここでつながります。

C/Sの2行目からは、P/Lで表示されている項目のうち直接、現金に影響していないものを調整して営業活動によるキャッシュ・フローを算出する方法が多く採用されています（間接法）。

その代表的ともいえる減価償却費は、P/Lに表示されたときには現金は支出されていない費用項目です。

お金が出ていってないのに費用としてマイナスになっている状態です。そのためC/Sでは、**減価償却費を営業活動によるキャッシュ・フローにプラスして、現金のプラス調整**をします。

実際に現金の動きがあったのは、減価償却費の元になった固定資産を取得したときです。では、固定資産を取得したときの現金の流れはどうなっていたのでしょうか。

P/LとつながっているC/Sですが、P/Lでは固定資産の取得金額は考慮されていません。固定資産の取得は、B/Sの固定資産の項目に表示されているのです。

この固定資産の取得によってキャッシュアウト（現金や現金同等物が減少すること）があったものとして、C/Sで現金のマイナス調整を行います。

このように**C/Sを作成するには、不足する情報をP/LやB/Sからキャッチアップすることになるため、財務3表のすべてがつながっている**というわけです。

この前提を把握した上で、次節から経営分析をしていきましょう。

財務3表の関係図

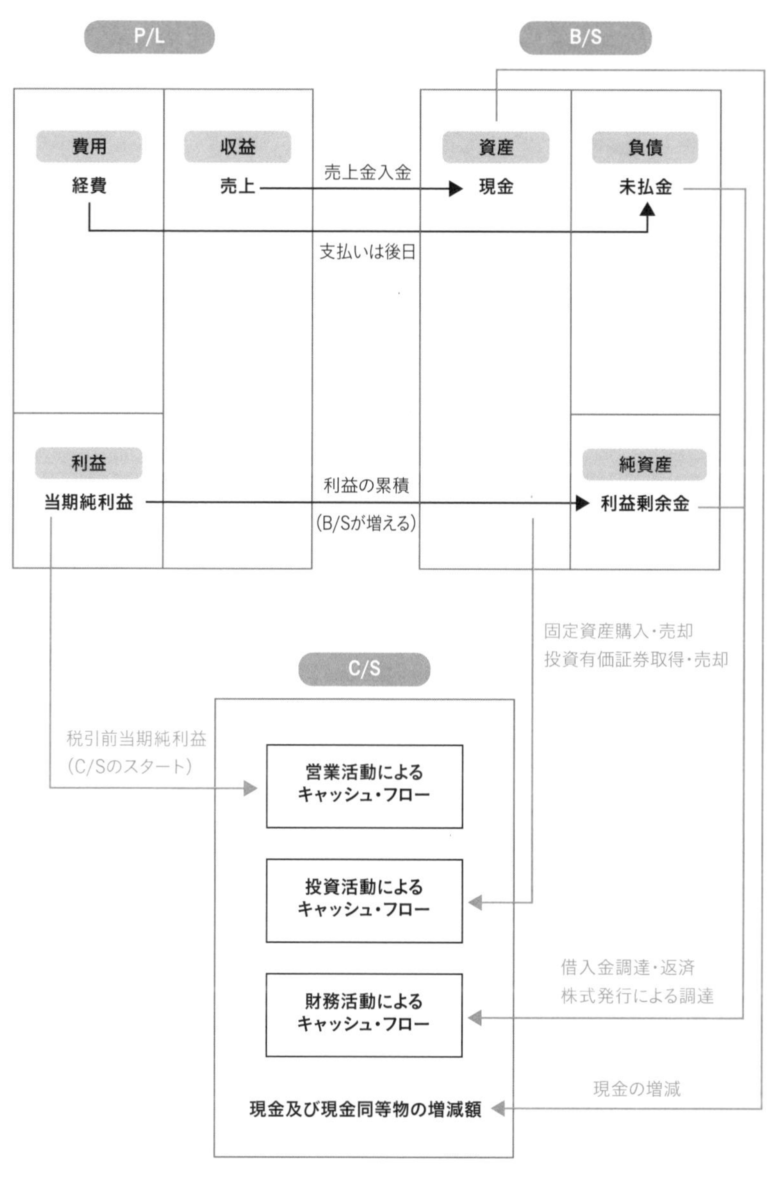
P/L
B/S
費用
収益
資産
負債
経費
売上
売上金入金
現金
未払金
支払いは後日
利益
純資産
当期純利益
利益の累積
(B/Sが増える)
利益剰余金
固定資産購入・売却
投資有価証券取得・売却
C/S
税引前当期純利益
(C/Sのスタート)
営業活動による
キャッシュ・フロー
投資活動による
キャッシュ・フロー
借入金調達・返済
株式発行による調達
財務活動による
キャッシュ・フロー
現金の増減
現金及び現金同等物の増減額

決算書を活用した分析 | 02

「５つの観点」からの経営分析

経営分析とは

　ここからはいよいよB/SとP/Lを使って、「５つの観点」から経営分析をしていきましょう。

　経営分析とは、企業の健康状態を把握することを目的に、決算書の情報を利用してさまざまな視点から経営状況を数値化することです。数値化することで客観的に比較ができるので、**早期に経営状況を把握し、これ以降の改善計画に役立てる**ことができるのです。

経営分析を活用するメリット

　筆者の感覚ではありますが、中小企業、大企業問わず、この経営分析を実際のビジネスに活用できている企業はまだまだ少ないように思えます。経営分析のメリットは、客観性のある評価指標によって現状把握ができることです。もちろん経営分析をしている企業はたくさんあり、大企業で上場している企業であれば、その分析指標の一部は公開もされています。

　ここで皆さんに知ってもらいたいのは、分析して現状把握をしただけでそのまま放置しては、企業の将来に何もつながっていかないということです。**「活用してこそ意味がある」**ものになるのです。

　第２章では、経営分析を活用できるようになるための土台として、まずはその分析指標の種類にどんなものがあり、どんな観点で分析できるかを解説していきます。

経営分析で重要になる「5つの観点」

「5つの観点」とは、「①総合力」「②安全性」「③収益性」「④効率性」「⑤成長性」からなる財務指標のことで、B/SやP/Lの数値を使って計算し広く経営分析に活用します。

観点それぞれは、網羅的に企業の財務分析をする「総合力」の指標を中心にして、B/SやP/Lをベースに分析する「効率性」と「成長性」、B/Sをベースにする「安全性」、P/Lをベースにする「収益性」の4つの指標が相互に関連した関係で成り立っています。どれか一つの観点を分析すればいいというものではなく、何を知りたいかによって**5つの指標をミックスさせながら判断するのがコツ**となります。次ページに関係図を掲載していますのでご覧ください。

このあとの流れ

P.55から、「総合力」の分析(基礎→実践)、「安全性」の分析(基礎→実践)……という流れで、観点ごとに【基礎】と【実践】に分けて解説していきます。

【基礎】で知識をインプットし、【実践】で実際の企業のB/SやP/Lを使って指標の計算をしながらアウトプットしていくことで、自分一人でも分析できるようになっていくフローです。

企業分析の下準備

はじめての企業分析となる「総合力」の分析【実践】の前に、P.66からは企業分析の下準備の方法を紹介しています。ここでは、上場企業の財務諸表の入手方法、それを簡略化した簡易B/S、P/Lの作り方、指標分析の方法という3ステップに分けて解説しています。

5つの観点とその関係性

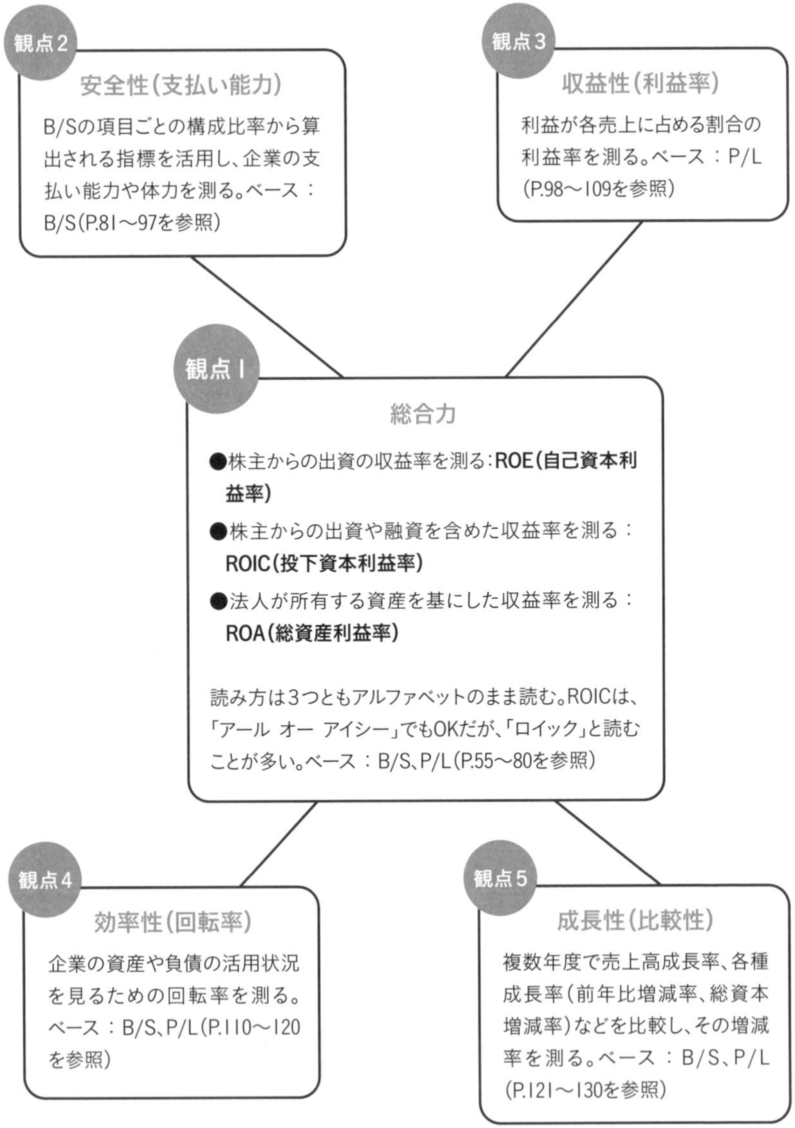

観点2
安全性(支払い能力)
B/Sの項目ごとの構成比率から算出される指標を活用し、企業の支払い能力や体力を測る。ベース：B/S(P.81～97を参照)

観点3
収益性(利益率)
利益が各売上に占める割合の利益率を測る。ベース：P/L(P.98～109を参照)

観点1
総合力
●株主からの出資の収益率を測る:**ROE(自己資本利益率)**
●株主からの出資や融資を含めた収益率を測る：**ROIC(投下資本利益率)**
●法人が所有する資産を基にした収益率を測る：**ROA(総資産利益率)**

読み方は3つともアルファベットのまま読む。ROICは、「アール オー アイシー」でもOKだが、「ロイック」と読むことが多い。ベース：B/S、P/L(P.55～80を参照)

観点4
効率性(回転率)
企業の資産や負債の活用状況を見るための回転率を測る。ベース：B/S、P/L(P.110～120を参照)

観点5
成長性(比較性)
複数年度で売上高成長率、各種成長率(前年比増減率、総資本増減率)などを比較し、その増減率を測る。ベース：B/S、P/L(P.121～130を参照)

観点1　総合力の分析【基礎】

投資がどのくらい利益を上げているか

ROE、ROIC、ROAの分析とは

総合力を分析する代表的な指標に、ROE、ROIC、ROAがあります。会社に投資、もしくは会社が投資したときなど、その投資のリターン(見返り)を総合的に分析する指標です。すべて**RO(Return On)**で始まっていて、それぞれ**「○○からのリターンを表す指標」**という意味になります。

ROEやROAは、現場で直接使用するというよりは、投資家などが企業を評価するために投資前後で使用します。この前提があるため、企業では投資家のために、ROEやROAを向上させる施策を行うケースが多くなります。一方のROICは「調達した資金でどれくらい収益を上げたか」を見る指標なので、調達した資金を活用した事業活動の成果という観点から、効率性を判断するために企業内部で活用されます。

それぞれ、分母となる調達源や資産の違い、また、分子となる利益の違いや評価する立場の違いによって活用される場が異なってくるのです。

総合力の分析で使う3つの指標

① ROE:	**自己資本からのリターンを見る指標** 株主からの出資などで調達した資金を分母にして、収益率を見る。主に投資家が活用
② ROIC:	**投下した資本(他人資本＋自己資本)からのリターンを見る指標** 株主からの出資や融資など、他人から調達した資金を分母にして収益率を見る。 主に企業内部で活用
③ ROA:	**総資産からのリターンを見る指標** 他人資本と自己資本をベースに獲得した資産を分母に、収益率を見る。主に投資家が活用

観点1　総合力の分析【基礎】

①自己資本利益率 ROE (Return On Equity)

「Equity＝（自己）資本」からのリターンを表す

出資を受けた資本や蓄積されてきた過去からの利益を元手にして、企業は営業活動や投資を行い、売上高や利益を生み出します。そういった企業活動の中で、ROEは**「自己資本」からどのくらいリターンを生み出せたかを測る**指標で、主に投資家に活用されています。

$$\text{ROE(自己資本利益率)} = \frac{\text{当期純利益(P/L)}}{\text{自己資本(B/S)}} \times 100$$

ROEの計算で使用するもの

自己資本を基にして収益率を測るときに、最終的にいくら残るのかというのかが株主にとっては重要になるため、ROEを計算するときの分子は**「当期純利益」**を使用するのが一般的です。分母である「自己資本」は、B/Sの**「純資産」**の金額を使用することになります（厳密に計算すると自己資本＝純資産と言い切れませんが）。

つまりROEは、調達した資金を元手に経済活動を行う中で獲得した利益がどのくらいの成果だったのかを、自己資本と最終利益（当期純利益）に着目して示す指標です。

ROEとは：調達した自己資本により現金等の資産が増加し（次図①）、その現金等でコストを賄い（次図②）、売上高を計上する（次図③）。最終的に当期純利益を計上している（次図④）。この総合的な力を示す指標。

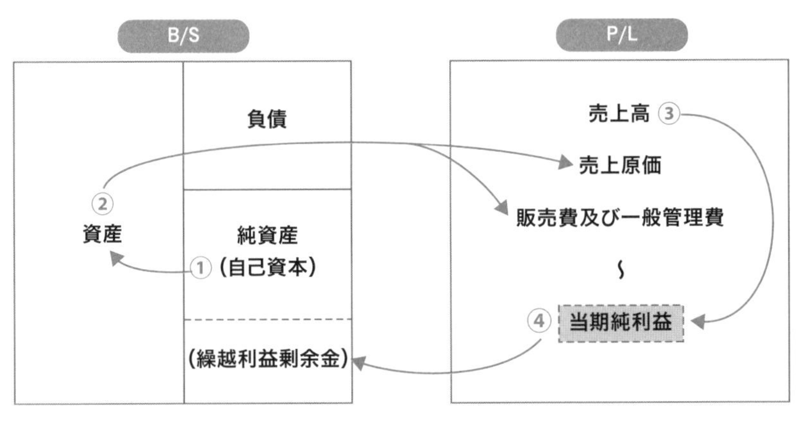

ROEの目安

数値の目安は、**最低限８％を達成する必要がある**とされています。これは、一橋大学の伊藤邦雄名誉教授が座長を務めた経済産業省のプロジェクトで、2014年に公表した報告書（通称「伊藤レポート」）において言及された数値です。

伊藤レポートでは欧州や米国企業のROEは15％～20％を超えているのに対し、日本企業は５％を超える程度であるとされました。

この圧倒的に低い日本企業のROEは、主に売上高利益率が低迷していることが原因です。そしてこのレポートで日本企業は**ROEを８％に上げることを第１ステップ**として、継続的にROEを向上させていくことが望ましいとされました。

特にこの伊藤レポートが公表されたあとの数年間、多くの企業が経営目標としてROEを設定していました。その結果、現在上場企業のROEの平均値は**８％～11％前後で推移**しています。

ROEの構造

ROEの計算式「当期純利益(P/L)÷自己資本(B/S)×100」を次の計算式のように分解することによって、ROEを構成する要素が見えて、どの部分に力を入れればROEが変動(向上)するのかがわかります。なお、白い文字の部分は、分解前のROEの計算式です。

$$\text{ROE} = \frac{\text{当期純利益(P/L)}}{\text{売上高(P/L)}} \times \frac{\text{売上高(P/L)}}{\text{総資産(B/S)}} \times \frac{\text{総資産(B/S)}}{\text{自己資本(B/S)}}$$

(当期純利益率)　(総資産回転率)　(財務レバレッジ)

すべての指標は掛け算によって計算されるので、それぞれの指標が大きければ、それだけROEは大きくなるというわけです。

当期純利益率は、コストを抑えて売上高を伸ばすことで大きくなります。構造はシンプルですが、実際に成果を上げるのは大変なことです。

総資産回転率は、資産を効率的に活用できているかに着目した指標なので、自社が持つ資産を維持しながら売上を伸ばしていけば大きくなります。

ROEの増減要因は?

ROEを構成する当期純利益率(収益力)、総資産回転率(効率性)をすぐに向上させることは難しいことです。そのため、多くの企業がROEの向上に即効性がある「財務レバレッジ」を高くする施策を実行しています。具体的には、自己資本を減らすための自社株買いや、負債を増やすための資金調達などがあります。

これらの方法は通常の企業努力とは少し異なるので、総合力を判断する際にROEを利用する場合は、企業がどのような施策を行っているのかについて、IR情報などの履歴や、B/Sの増減項目から確認することが重要です。

つまり、**過度な施策によって、ROEの向上だけが目的になっていないかが**

判断のポイントになります。

総資産は他人資本と自己資本などから成り立っている

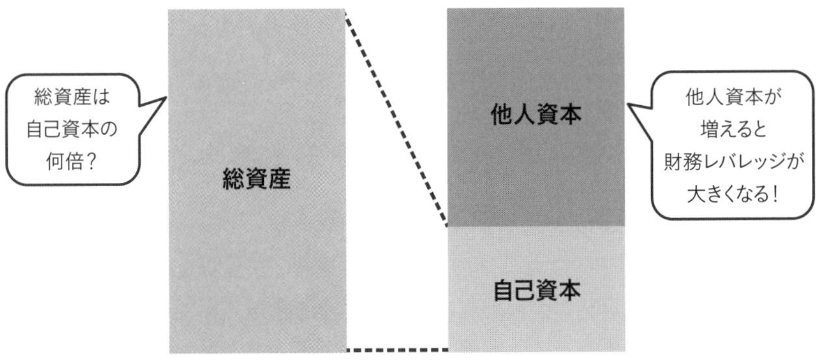
総資産は
自己資本の
何倍？
総資産
他人資本
自己資本
他人資本が
増えると
財務レバレッジが
大きくなる！

※純資産の構成要素はP77の図を参照。

「財務レバレッジ」という言葉ですが、これは特に聞き慣れないかもしれません。レバレッジ(leverage)の日本語訳は「テコの力」ですから、財務によってテコの力を利かすということです。財務レバレッジの数式は「総資産÷自己資本」なので、B/Sの「株主資本の項目(自己資本)が減少する」か、「負債の部(他人資本)が増加する」ことで、数値が大きくなります。

知っトク会計用語

【財務レバレッジ】
借入などでテコの作用をどの程度活用しているかを表す。財務レバレッジの比率が高くなると負債額が増加傾向にあるということ。

【自社株買い】
企業が自社の株式を自社で購入すること。株主資本をマイナスにさせるという効果がある。

【IR情報】
IRは、Investor Relations（投資家向け広報活動）の略。企業が主に株主や投資家に対して経営情報を公表する活動。主にその企業のホームページで開示されている。

観点1　総合力の分析【基礎】

②投下資本利益率 ROIC(Return On Invested Capital)

「Invested Capital＝投下（株主）資本」からのリターンを表す

ROICは、他人資本（有利子負債）や自己資本など、**企業が営業活動等のために投下（出資）した資本からどれだけ利益を生み出せたかを測る**指標で、主に企業内部で活用されます。企業は自己で出資した資本や蓄積された過去利益だけでなく、他人から借入した有利子負債も活用して、営業活動や投資を行い売上高や利益を生み出すのです。その中でも、ROICは**「他人資本（有利子負債）＋自己資本」**という部分に着目した指標です。

$$\text{ROIC（投下資本利益率）} = \frac{\text{税引後営業利益(P/L)}}{\left(\text{有利子負債(B/S)} + \text{自己資本(B/S)}\right)} \times 100$$

ROEと異なる点

ROICは、調達した資金をベースにしてその収益率を見るという観点からROEと似ています。しかしROEと異なるのは、計算に使用する分子の利益が**「税引後の営業利益」**であることと、分母となる**自己資本に有利子負債を加える**ことの２点があります。

この違いは、「株主の出資のみの投資回収率を提示する」ものか、「株主以外からの資金調達（融資等）を含めた調達資金の投資回収率を提示する」ものかの違いを意味します。また、計算で使用する利益が、ROICの場合は本業で稼いだ営業利益をターゲットとしている点でも異なります。その利益は、**営業利益から税金相当額(1－実効税率)を控除した金額(税引後営業利益)**を使用するので、本業で生み出した最終利益と考えられ、内部の経営指標として活用されることが多いのです。

ROIC とは：調達した有利子負債（次図①）＋自己資本（次図②）により、現金等の資産が増加しその現金等でコストを賄い（次図③）、売上高が計上され（次図④）、営業利益から法人税等（次図⑤）を控除した指標。

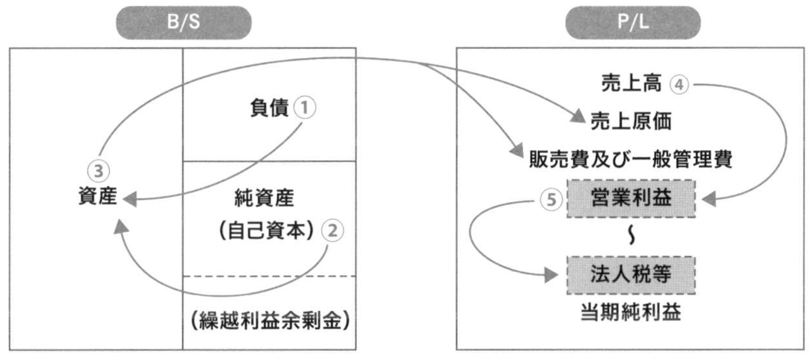

ROICの目安

目安は、**8%～10%以上を獲得することが望ましい**状態であるといえます。

知っトク会計用語

【(法定) 実効税率】
企業が課せられる利益（課税所得）に対する法人税等の税率のこと。2020年現在の税率は、約30%～35%（企業の規模等により税率は異なる）。

【有利子負債】
社債や借入金など利息がかかる負債項目。

観点1　総合力の分析【基礎】

③総資産利益率 ROA（Return On Asset）

「Return On Asset＝（総）資産」からのリターンを表す

ROAは、会社が保有する総資産から**どれだけ経常利益を生み出せたかを測ること**に着目した指標です。

会社は経済活動の中で、出資や融資など外部から資金を調達します。

調達した資金を元手に、商品の製造や、他社から商品を仕入れて棚卸資産という在庫を抱え販売に備えたりします。

また、建物や土地を取得したり、ソフトウエアを新たに購入したりして設備投資を行います。こうした資産を活用して売上高や利益を獲得していくのです。

$$\text{ROA（総資産利益率）} = \frac{\text{経常利益（P/L）}}{\text{総資産（B/S）}} \times 100$$

ROAの計算で使用するもの

ROAの計算の分母は総資産を基にし、分子である利益は一般的に**「経常利益」**を使用して収益性を計算します。

しかし、株主視点で見る場合は、「経常利益」ではなく株主への配当原資である**「当期純利益」**を使用することもあります。これは目的に応じて使い分ければ問題ありません。

このようにROAの指標は、ROEと異なり借入金や出資の構成を問わず、保有している**「資産の活用状況」**に着目して、どれだけ利益を創出できているかを把握する指標です。

ROAとは：他人資本と自己資本をベースに獲得した資産（次図①）から生み出される収益（稼ぐ力／次図②）を見る。企業の資産を活用して稼ぐ力を総合的に測る指標。

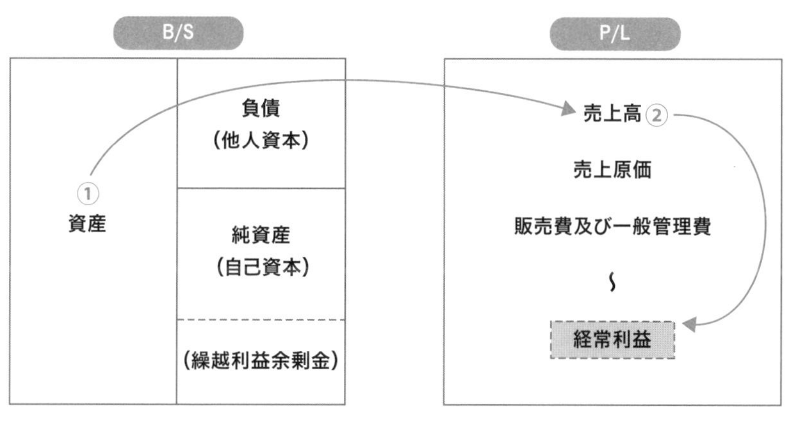

ROAの構造

ROAは、ROEに比べて株主資本の増減や借入金の増減で調整できる財務レバレッジが考慮されていない点で作為的な要素が薄れることから、**企業の総合力を見るのに、特に有用**な指標です。

ROEの項目で計算式を分解しましたが、ROAの計算式「経常利益(P/L)÷総資産(B/S)×100」も同様に分解してみると、次ページのようになります。ROEと比較するために、上がROE、下がROAを分解した計算式です。

なお、白い文字の部分は、分解前の計算式です。

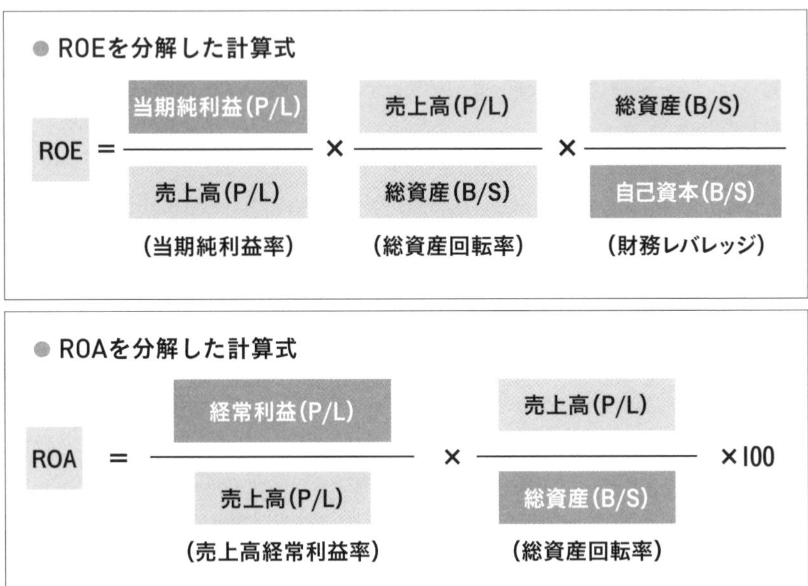

ご覧のとおり、ROEとROAの違いは、使用する利益が「当期純利益」か「経常利益」かで異なり、ROEにある財務レバレッジ(総資産÷自己資本)を除いたものがROAの計算式になります。ROAを高めるには、分子にある売上高と分母にある売上高が相殺されるので、残る売上高に対する経常利益を増やすこと(売上高経常利益率アップ)、保有している資産を必要最低限に抑えること(総資産回転率アップ)が必要であると計算式から読み取れます。

ROAの目安

ROAの目安は一般的には**5%以上が優良企業**と判断されます。株主資本と他人資本(負債の一部)の合計額より資産の合計額のほうが高くなるので、必然的にROEよりも低い数値になり、目安もROEより低くなります。

ROAを上げる方法として、売上高や利益率の向上は当然ですが、不要な資産の処分も有効です。B/Sに計上されているけれど有効活用されていない不動産や固定資産はありませんか？　実務でもそのような資産は早めに処分しB/Sをスッキリさせて分母となる資産を削減し、たとえ**利益率は変わらなくてもROAを高める**といいでしょう。

MINI INFO

日米欧上場企業のROE、ROAの推移

次の推移は、2014年の伊藤レポート公表後の変化を経済産業省がまとめた資料の抜粋です。日本企業も努力によって、ROE、ROAともに上昇傾向にあり、直近では欧州企業の水準まで迫ってきました。しかしながら、米国との差は大きなままです。国際競争力を高めるためにも引き続きROE、ROAの向上を目指して収益率の改善が課題として残っています。

日米欧上場企業のROE、ROAの推移

- 日本の上場企業のROEは、上昇傾向にあるが、欧米の上場企業との格差は残る
- 日本の上場企業のROAも、上昇傾向にあるが、特に米国と比べるといまだ低水準

日米欧上場企業のROEの推移(加重平均)

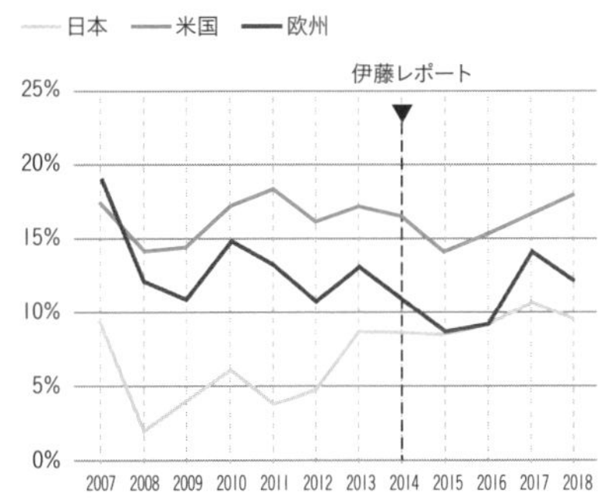

日米欧上場企業のROAの推移(加重平均)

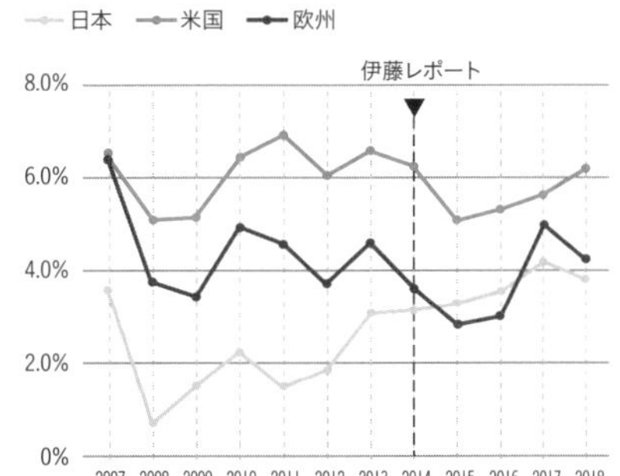

ROE(%)	2007	2008	2009	2010	2011	2012	2013	2014	2015	2016	2017	2018
日本	9.4	1.9	4.0	5.8	3.9	4.9	8.4	8.2	8.1	8.8	10.3	9.4
米国	17.7	14.1	14.5	17.4	18.6	16.3	17.4	16.7	14.1	15.5	16.8	18.4
欧州	19.3	12.0	10.6	14.8	13.1	10.6	13.0	10.5	8.4	8.9	14.0	11.9

ROA(%)	2007	2008	2009	2010	2011	2012	2013	2014	2015	2016	2017	2018
日本	3.7	0.7	1.5	2.2	1.5	1.8	3.1	3.1	3.3	3.6	4.2	3.9
米国	6.5	5.1	5.2	6.5	7.0	6.1	6.6	6.3	5.1	5.4	5.7	6.2
欧州	6.4	3.8	3.5	4.9	4.6	3.7	4.7	3.6	2.9	3.0	5.0	4.2

(出所)Bloombergのデータを基に経産省にて作成

※調査対象は、日本はTOPIX500のうち402社、米国はS&P500のうち366社、欧州はBE500のうち352社(金融業及び継続してデータを取得できない企業を除く)。S&P500は、本社所在地が米国以外の企業を除く。TOPIX500は円、S&P500は米ドル、BE500はユーロで算出。自己資本利益率(ROE)=当期純利益/(前期自己資本と当期自己資本の平均値)

(出典)経済産業省の事務局説明資料(2019年11月経済産業政策局産業資金課)

企業分析の下準備

分析のステップ

分析とは、データを目的に応じて要素別に分けて集計し、その性質や状態を明らかにして活用するために意味があるものにすることです。

企業分析の下準備とは、決算書などの情報を分析観点に応じた指標の計算式に落とし込み数値化する作業のことです。企業の経営状況を可視化させて比較できるようにするのです。

そのために、まずは有価証券報告書などから必要なデータを収集し、簡易B/S、P/Lを作成して分析指標に落とし込むという作業が必要になります。

有価証券報告書とは?

金融商品取引法に基づいて上場企業などが「企業の概要」「ビジネスの状況」「設備投資の状況」など決算書のデータを取りまとめた報告書が有価証券報告書です。

この報告書は、事業年度終了後の3か月以内に金融庁に提出する義務があり、提出してすぐに投資家保護の目的から外部に開示されます。

ひと手間かけて簡易B/S、P/Lを作成するのは、有価証券報告書のデータをそのまま用いて分析するのが難しいためです。普段から数字慣れしていない方が、専門用語が多くたくさんの数字が並んだ書類から情報を読み解こうとすると心が折れてしまうかもしれません。

次ページからは、有価証券報告書を入手し、容易にピックアップできる必要な項目から簡易B/S、P/Lを作成する方法を紹介します。

＜ステップ1＞

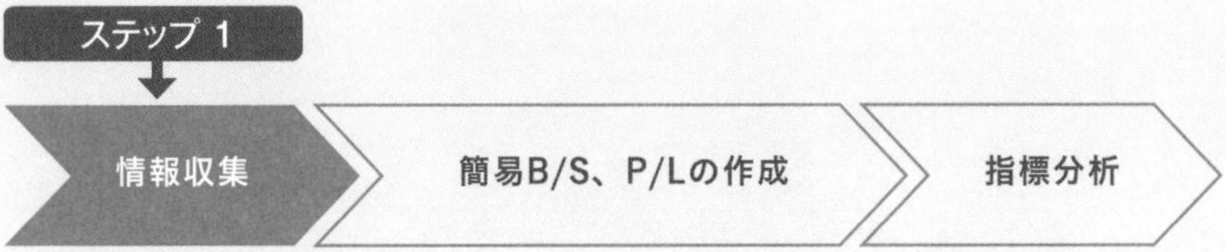

ステップ 1

情報収集 → 簡易B/S、P/Lの作成 → 指標分析

まずは、対象企業が決まったら、有価証券報告書を入手しましょう。

上場企業の場合、有価証券報告書は、企業の自社サイトのIR情報などからも取得できますが、金融庁の「EDINET」というサイトから社名検索でダウンロードすることができます。

決算書（B/S・P/L）データの確認

分析する対象年度の有価証券報告書から、B/S、P/Lを見つけます。有価証券報告書には、決算書以外の企業情報がかなり多く含まれています。確認したいB/S、P/Lは、有価証券報告書の中盤から後半辺りにあります。

注意点

企業分析をする際は、その分析対象の企業を単体で判断しないことです。特に私たちが知っているような大きな事業の場合、1社が単体で実施しているケースはまれで、多くの上場企業がグループ体制をとり子会社を抱えています。もう少し詳しくいうと、私たちがその企業のメインと思っているような事業は、実は子会社が実施していて、親会社はグループ経営や子会社の経営支援だけをしているケースがほとんどなのです。このため、親会社のみの決算書ではその企業の事業実態がつかめないというわけです。

よく上場企業などで見かける、社名に「〇〇グループ」「〇〇ホールディングス」などが付くのが典型的なケースですが、これらの会社は「持株会社」となり、事業中心でなくグループの経営をメインで行っています。

そのためグループ体制をとっている企業の分析は、連結財務諸表をベースに分析する必要があります。

＜ステップ2＞

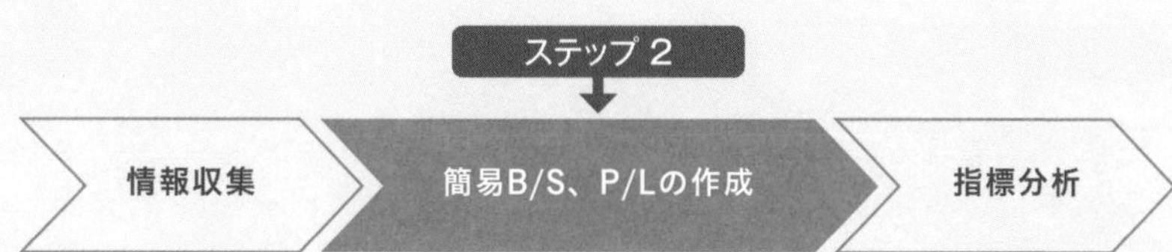

本書でいう簡易B/S、P/Lとは、各自が決算書データを大枠で集計して作成するものです。分析内容に応じて、不要な細かい情報を排除し要約することで、企業の経営状況の全体像が把握できるとともに、数字慣れしていない方でもある程度決算書を読み取れる力があれば、その企業の財政状態や経営成績の概要が把握できるようになります。

大枠を作り、情報をピックアップする

では実際に手を動かし簡易B/S、P/Lを作ってみましょう。まずは、決算書全体の大枠を書き出し、そのあとに大枠の中から必要な情報をピックアップします。大枠は、次図のように、B/Sであれば、資産の部、負債の部、純資産の部、P/Lであれば、売上高、売上原価、売上総利益、販売費及び一般管理費、営業利益、経常利益などが該当します。

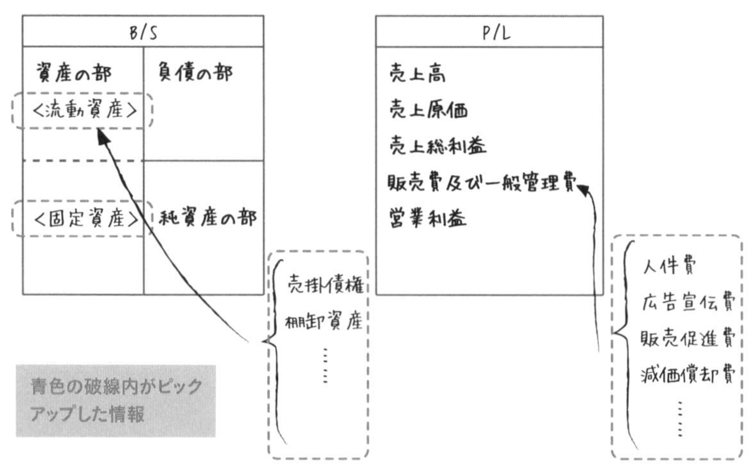

明細項目をピックアップし、完成させる

前ページで、資産の部などの大枠に、流動資産や売掛債権、棚卸資産などの情報をピックアップしたあとは、さらに次図のように明細項目を書き込みます。そして、各項目の数字を連結B/S、P/Lから抽出すると完成です。

完成した簡易B/SとP/Lのイメージ

B/S	
資産の部 xxx	負債の部 xxx
<流動資産 xx>	<流動負債 xx>
(売掛債権 xx)	<固定負債 xx>
(棚卸資産 xx)	
<固定資産 xx>	純資産の部 xxx
(有形固定資産 xx)	資本金
(無形固定資産 xx)	資本剰余金
(投資その他の資産 xx)	利益剰余金

P/L
売上高 xxx
売上原価 xxx
売上総利益 xxx
販売費及び一般管理費 xxx
(人件費 xx)
(広告宣伝費 xx)
(販売促進費 xx)
(減価償却費 xx)
営業利益 xx
営業外収益 xx
営業外費用 xx
経常利益 xx
特別利益 xx
特別損失 xx
税引前当期純利益 xx

<ステップ3>

ステップ 3

情報収集 → 簡易B/S、P/Lの作成 → 指標分析

初めてその企業を分析するときは、そもそも何を分析して、どのように活用するのかがイメージできないと思うので、特定の分析指標に偏らず「5つの観点」から網羅的な分析をしてみましょう。

指標分析の3つの流れ

1. 分析に使用する指標の計算式を用意する(本書など)
2. 簡易B/S、P/Lから、計算に必要な決算数字をピックアップして計算する
3. 計算結果を競合他社や過年度と比較して、企業の業績の動向を分析する

ポイント

簡単でよいので自分なりの仮説を立ててから分析を行うと、単純に結果を確認するだけよりも企業理解が深まり、分析スキルの定着も早まります。

仮説の内容は、これから分析する企業の指標結果の数値を予測し、その数値が示す理由はどんなことが考えられるか？　などを考えてみるといいでしょう。

また、初めのうちは仮説を立てやすい、収益性の指標(詳細はP.98～109を参照)から分析してみるのもポイントです。

観点1　総合力の分析【実践】

ビックカメラの分析 <ステップ1・2>

ビックカメラの連結B/S、P/Lを入手

大手家電量販店の一つビックカメラを総合力の面から、ROE、ROIC、ROAの指標で分析してみましょう。まず**EDINETで検索して有価証券報告書に記載されているビックカメラの連結B/SとP/Lを入手**します。

本書では簡易B/S、P/Lと対比できるように、連結B/SはP.72、連結P/LはP.74に掲載しています。

簡易B/S、P/Lに要約

連結B/SとP/Lが入手できたら、次は簡易B/S、P/Lにまとめましょう。連結B/SとP/Lから必要な情報をピックアップします。分析するために必要な情報に漏れがないよう気をつけてください。

簡易B/S、P/Lは、抽出項目がよくわかるように連結B/Sと連結P/Lのそれぞれ右ページに掲載してありますのでご覧ください。

ビックカメラの有価証券報告書より連結B/Sを抜粋（2019年８月期）(単位:百万円)

	前連結会計年度 (2018年8月31日)	当連結会計年度 (2019年8月31日)
資産の部		
流動資産		
現金及び預金	21,967	25,791
売掛金	32,968	39,008
商品及び製品	106,100	127,954
原材料及び貯蔵品	631	682
番組勘定	73	78
その他	14,064	15,688
貸倒引当金	△307	△268
流動資産合計	175,498	208,936
固定資産		
有形固定資産		
建物及び構築物	61,470	63,572
減価償却累計額	△31,088	△33,186
建物及び構築物(純額)	30,381	30,385
機械装置及び運搬具	1,984	2,680
減価償却累計額	△1,064	△1,321
機械装置及び運搬具(純額)	920	1,358
土地	47,041	46,998
リース資産	8,849	9,450
減価償却累計額	△6,039	△6,720
リース資産(純額)	2,809	2,730
建設仮勘定	103	555
その他	10,785	17,611
減価償却累計額	△7,526	△12,130
その他(純額)	3,259	5,480
有形固定資産合計	84,515	87,509
無形固定資産	22,672	23,105
投資その他の資産		
投資有価証券	※1 17,058	※1 13,626
長期貸付金	1,056	182
繰延税金資産	17,184	20,785
退職給付に係る資産	2,976	2,913
差入保証金	43,662	42,529
その他	1,455	1,190
貸倒引当金	△483	△329
投資その他の資産合計	82,911	80,898
固定資産合計	190,099	191,514
資産合計	365,598	400,451

簡易B/Sの「総資産」と同義

	前連結会計年度 (2018年8月31日)	当連結会計年度 (2019年8月31日)
負債の部		
流動負債		
買掛金	47,222	58,387
短期借入金	※2 49,644	※2 50,224
1年内返済予定の長期借入金	7,731	8,954
リース債務	963	894
未払法人税等	6,180	3,429
賞与引当金	3,524	3,378
ポイント引当金	12,124	12,922
店舗閉鎖損失引当金	281	260
資産除去債務	381	78
その他	28,507	35,396
流動負債合計	156,561	173,927
固定負債		
長期借入金	20,385	29,375
リース債務	1,872	1,788
繰延税金負債	229	83
商品保証引当金	1,194	824
店舗閉鎖損失引当金	1,077	741
退職給付に係る負債	14,619	16,320
資産除去債務	8,972	9,239
その他	4,918	4,809
固定負債合計	53,270	63,181
負債合計	209,832	237,108
純資産の部		
株主資本		
資本金	25,929	25,929
資本剰余金	27,131	27,139
利益剰余金	87,112	96,699
自己株式	△13,821	△16,737
株主資本合計	126,351	133,030
その他の包括利益累計額		
その他有価証券評価差額金	4,263	1,913
退職給付に係る調整累計額	△675	△1,041
その他の包括利益累計額合計	3,587	871
新株予約権	5	53
非支配株主持分	25,821	29,386
純資産合計	155,765	163,342
負債純資産合計	365,598	400,451

合計が簡易B/Sの「自己資本」になる

ビックカメラの簡易B/S

(単位：百万円)

資産		負債・純資産	
流動資産	208,936	流動負債	173,927
		固定負債	63,181
固定資産	191,514	純資産 (うち自己資本	163,342 133,901)
総資産	400,451※	負債+純資産	400,451※

※有価証券報告書のB/S、P/L等は、千円未満、百万円未満の端数が切り捨て処理されるため、切り捨て後の数値で単純に合計すると集計値とはズレが生じます。

知っトク会計用語

【減価償却】

固定資産は使用することによって資産価値は減少していく。その価値の減少を減価償却費としてP/Lに費用として反映させるのが、減価償却。

【減価償却累計額】

減価償却費を計上する際には、固定資産の金額を直接減額する方法（直接控除方式）と、固定資産の金額は変更せずに間接的に控除する方法（間接控除方式）がある。後者の間接控除方式を採用した場合は、減価償却費と同額が減価償却累計額という科目に表示され、毎期減価償却した金額の累計がB/Sの資産の控除項目として計上される。

ビックカメラの有価証券報告書より連結P/Lを抜粋（2019年８月期）(単位:百万円)

	前連結会計年度 (自2017年9月1日 至2018年8月31日)	当連結会計年度 (自2018年9月1日 至2019年8月31日)
売上高	844,029	894,021
売上原価	607,947	650,576
売上総利益	236,081	243,444
販売費及び一般管理費	※1 209,025	※1 220,500
営業利益	27,055	22,943
営業外収益		
受取利息	88	76
受取配当金	246	252
受取手数料	1,395	1,494
協賛金収入	346	365
補助金収入	331	530
その他	451	729
営業外収益合計	2,860	3,448
営業外費用		
支払利息	339	283
賃貸収入原価	72	77
支払手数料	178	97
その他	83	63
営業外費用合計	674	521
経常利益	29,241	25,871
特別利益		
固定資産売却益	※2 33	※2 36
投資有価証券売却益	―	18
補助金収入	440	―
特別利益合計	474	55
特別損失		
固定資産売却損	※3 0	―
固定資産除却損	※4 194	※4 252
固定資産圧縮損	423	―
投資有価証券売却損	―	10
減損損失	※5 796	※5 2,946
災害による損失	18	―
その他	198	43
特別損失合計	1,630	3,253
税金等調整前当期純利益	28,085	22,673
法人税、住民税及び事業税	9,124	7,159
法人税等調整額	△741	△2,483
法人税等合計	8,382	4,676
当期純利益	19,702	17,996
非支配株主に帰属する当期純利益	2,579	3,948
親会社株主に帰属する当期純利益	17,122	14,047

ビックカメラの簡易P/L

（単位:百万円）

売上高	894,021
売上原価	650,576
売上総利益	243,444
販売費及び一般管理費	220,500
営業利益	22,943
経常利益	25,871
税金等調整前当期純利益	22,673
当期純利益	17,996

知っトク会計用語

【税金等調整前当期純利益】

税金等調整前当期純利益は、税引前当期純利益と同じ意味。使い分けは、連結損益計算書は前者の「税金等調整前当期純利益」を用い、個別損益計算書は後者の「税引前当期純利益」を用いる。

【法人税等調整額】

法人税等調整額は、税効果会計基準という会計のルールでB/Sに計上され、繰延税金資産と繰延税金負債の前期末と当期末の差額によって生じる。税効果会計とは、会計処理と税務処理（税金の計算）で生じる収益費用を処理するタイミングのズレを、P/L上で会計の期間にあった法人税等を表示させ、会計上適正な利益を表示させるために行う会計。

観点1　総合力の分析【実践】

＜ステップ3＞指標分析

①ROEの分析

簡易B/S、P/Lから必要な情報を収集し、計算式に当てはめてROEを算出します。

- **ROE(自己資本利益率)の算式**
  当期純利益(P/L)÷自己資本(B/S)×100
- **使用する決算数値**
  ・当期純利益：17,996百万円
  ・自己資本　：133,901百万円(株主資本＋その他の包括利益累計額合計)
- **計算結果**
  17,996百万円÷133,901百万円×100＝13.43%

ROEのポイント

ROEの目安は8%以上とされている中、**10%以上の結果なので総合力の観点からは優良企業**であるといえます。

ここでもう少しこの数字について検証してみましょう。「このROEは利益率の改善から生まれた数字だと思いますか？」「それともビックカメラのROE向上施策による影響だと思いますか？」

ホームページでIR情報を見てみると、ここ数年自己株式取得を行っていることがわかります。

自己株式の取得は株主資本を減少させることになります。分母が小さくなってROEが向上するため、少なからずROEへの貢献が見られるのでしょう。

ROEの注意点

- 計算に使用する利益などの違いによって、会社が開示しているROEと異なる場合があります。
- **自己資本≠純資産**であるため、B/Sから自己資本の金額を抽出する必要があります。

純資産の部の構成イメージ（連結B/Sの例）

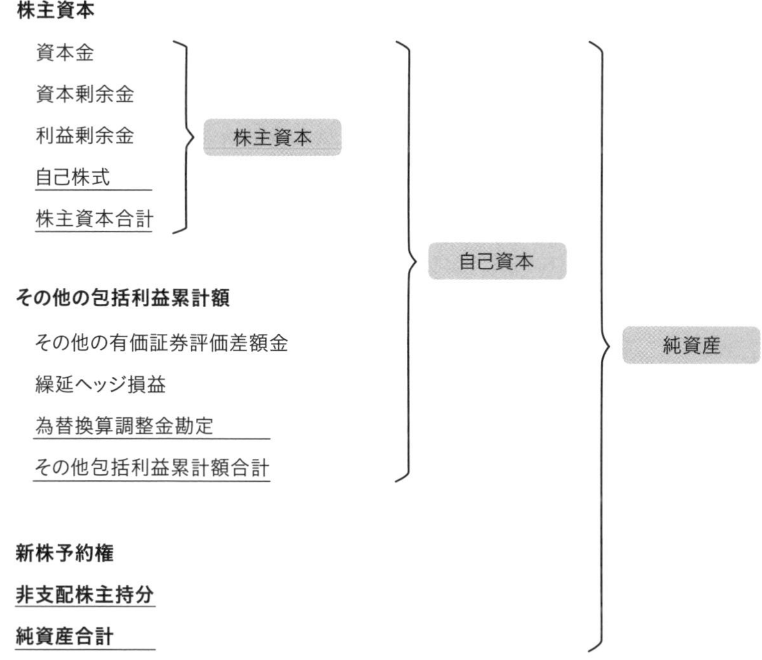

②ROICの分析

- **ROIC(投下資本利益率)の算式**

税引後営業利益(P/L)÷(有利子負債《B/S》+自己資本《B/S》)×100

- **使用する決算数値**

・営業利益　　　：22,943百万円
・法定実効税率　：30.62%
・税引後営業利益：営業利益×(1－実効税率)
・有利子負債※　：91,236百万円
・自己資本　　　：133,901百万円

※有利子負債は次ページの「ROICの注意点」の青丸2つ目の記載を参照。

- **計算結果**

22,943百万円×(1－0.3062)÷(91,236百万円+133,901百万円)×100＝15,917百万円÷225,137百万円×100＝7.06%

ROICのポイント

ROEと比較すると、使用する利益の項目が異なる面もありますが、自己資本に他人資本である有利子負債が加わったことで、分母が大きくなりROEよりは利益率が低くなっています。

ROICの目安は**8%以上が優良とされるので、7.06%という結果だともう一息**といったところです。

有利子負債の調達タイミングなどによって数値にバラつきが出てくるので、**複数年度にわたって計算**してみるとより企業の実態に近づいた分析ができるようになります。

ROICの注意点

- 使用する利益は、**営業利益から税金相当額(1－実効税率)を控除した金額**です。
- 有利子負債は、B/Sの決算書に記載される借入金の額になります。しかし、借入金の性質によって決算書の項目はいくつも区分されているので読み取りには注意が必要です。ビックカメラの有利子負債の明細は、有価証券報告書などから次のように「借入金等明細表」で確認することができます。

**借入金等明細表
(ビックカメラ2019年8月期の有価証券報告書より)**

区分	当期首残高(百万円)	当期末残高(百万円)	平均利率(%)	返済期限
短期借入金	49,644	50,224	0.15	―
1年以内に返済予定の長期借入金	7,731	8,954	0.29	―
1年以内に返済予定のリース債務	963	894	―	―
長期借入金(1年以内に返済予定のものを除く)	20,385	29,375	0.27	2020年~2024年
リース債務(1年以内に返済予定のものを除く)	1,872	1,788	―	2020年~2031年
その他有利子負債	―	―	―	―
合計	80,597	91,236	―	―

(注) 1.「平均利率」については、借入金の期末残高に対する加重平均利率を記載しております。
2. リース債務の平均利率については、リース総額に含まれる利息相当額を控除する前の金額でリース債務を連結貸借対照表に計上しているため、記載しておりません。
3. 長期借入金及びリース債務(1年以内に返済予定のものを除く)の連結決算日後5年内における返済予定額は以下のとおりであります。

	1年超2年以内(百万円)	2年超3年以内(百万円)	3年超4年以内(百万円)	4年超5年以内(百万円)
長期借入金	7,847	6,037	3,832	11,658
リース債務	608	460	328	187

③ROAの分析

- **ROA(総資産利益率)の算式**

経常利益(P/L)÷総資産(B/S)×100

- **使用する決算数値**

・経常利益：25,871百万円

・総資産　：400,451百万円

- **計算結果**

25,871百万円÷400,451百万円×100＝6.46%

ROAのポイント

ビックカメラは都心の駅近を中心に店舗を設けて運営しています。グループ会社には家電量販店であるコジマもあります。実店舗での設備投資にコストが大きく掛かり、品切れという機会損失を防ぐのに在庫をそれなりに抱える必要があるため、これらの**資産をうまく活用して効率的に運営していかないとROAを5%以上維持するのは難しい**でしょう。そういう状況で6%以上の結果というのは、十分優良企業に値すると考えられます。

ROAの注意点

投資家に対しては「経常利益」ではなく、配当原資となる「当期純利益」を使用して、ROAを計算することがあります。

ビックカメラの総合力の分析まとめ

ROEが13.43%、ROICが7.06%、ROAが6.46%と、ROEは8%を大きく上回り、ROAも5%以上であることから見ると、総合力の観点から優良企業といえます。各指標を成長性の観点から分析(詳細はP.121～130を参照)し、経年変化の要因を探れるとより高度な指標分析ができるので実践してみてください。

観点2　安全性の分析【基礎】

企業の支払い能力や体力がわかる

安全性の分析とは

企業分析をするときに、**支払い能力や資金力、企業の体力を見ることは重要**です。例えば、企業が新たに取引をスタートする際に、取引先に債権(売掛金)の貸し倒れなどが生じないよう、経理部や法務部などでは取引スタート前に相手先を審査することが一般的に行われています。

安全性の分析は、次表のように指標によって短期的な安全性、長期的な安全性など異なる分析が可能なので審査の内容などによって使い分けるとよいでしょう。

安全性の分析で使う5つの指標

指標	内容
①流動比率	短期的な支払い債務である「流動負債」を、どの程度「流動資産」で賄うことができるかを数値化した指標
②当座比率	「棚卸資産」を除いて、厳密に短期的な支払い能力を見る指標
③固定比率	「自己資本」でどれだけ「固定資産」を賄えているかの割合
④固定長期適合率	「固定資産」の原資を「自己資本」だけでなく、長期的な負債(固定負債)を加えたもので賄えているかの割合
⑤自己資本比率	調達資金のうち返済不要の資本が占める割合

指標分析はバランスも重要

次ページからの解説は、5つの指標にそれぞれ望ましい目安を設けていますが、目安の数値をクリアしているからといってベストな状態であるとは言い切れません。

例えば、現金がたくさんあり、短期的な支払いがほとんどない企業があったとします。安全性の指標では、流動比率(詳細は次ページを参照)は300%です。はたしてこの企業の現金は有効活用されているのでしょうか? 流動比率の目安は100%以上が優良企業とされるので、300%というのは、支払い能力に問題なく資金力も充分にあり、倒産する可能性がほとんどないと高く評価できます。しかし、経営面から見ると、**将来により多くの収益を獲得するために現金を活用して投資活動を行うべき**だと考えるのです。

このように、安全性の分析は**B/S面でのバランスも重要**になってきます。特に、数値が目安より極端に高い、低いという場合は、**複数の指標と合わせて経営分析を行う**ことが重要です。

知っトク会計用語

【棚卸資産】
商品、製品、原材料、仕掛品、貯蔵品などを指す。

【商品】
卸売業や小売業などで、加工などを行わず他者に販売するために自社で仕入れて保有する物品。

【製品】
製造業などで、自社が製造加工したものを他者に販売するために保有する物品。

【原材料】
製品を製造するための、加工する前の材料。

【仕掛品】
製品を製造する過程で完成前の物品等。

【貯蔵品】
商品や製品とは異なり自社で使う消費(使用)前の物品。

観点2　安全性の分析【基礎】

①流動比率

どんなことを見る指標？

流動比率は、財務の安定性を測るために**「短期的な支払い能力」に着目**した指標として活用されます。とはいえ、あまり社内で頻繁に使用されるような指標ではありません。取引先企業の資金力を確認し倒産リスクを測るなど、**取引先の支払い能力や財務状態を確認する**ためのツールに手軽に利用するといいでしょう。また、自社の財務状態を見るのにも用いることができます。

$$\text{流動比率(\%)} = \frac{\text{流動資産(B/S)}}{\text{流動負債(B/S)}} \times 100$$

流動比率の計算で使用するもの

第１章で、B/Sは「資産の部」「負債の部」「純資産の部」に分かれていると説明しましたが、流動比率に用いるのは、「資産の部」の流動資産と、「負債の部」の流動負債です。

流動資産とは、１年以内に現金化できるような売掛金や未収金、短期貸付金などが該当し、流動負債とは、１年以内に支払う必要がある買掛金や未払金、短期借入金などが該当します。

次ページの図が表しているように**「流動資産で流動負債を賄うことができるか」というのが分析のポイント**になります。

流動比率の目安

数値が100％であれば、１年以内に現金化できる流動資産で１年以内に支払わなければならない流動負債をピッタリ賄えるということを意味します。取引先の流動比率が100％を下回るようであれば、資金繰りに余裕があるとはいえないため、売上金の回収スケジュールを厳しくしたり、仕入代金の前渡金などを避けたりするなど、自社を守るために取引方法について検討したほうがいい場合もあります。

一概に100％未満がダメだとはいえませんが、**自転車操業にならないためには100％以上を目指し、維持するように努力すべき**です。一般的に**120％〜150％あるならば､余力があり支払い能力に問題がない**と考えられています。

反対に、流動比率が200％以上という企業もあります。支払い能力の面ではまったく問題がないのですが、そういった企業は余剰資金が多く、資金を活用して効果的な投資ができていないと思われることもあります。過剰に多い流動資産になっていないかなど、B/S面でのバランスの見極めも必要です。また、流動資産が多いというのは売れ残りの不良在庫（棚卸資産）や、回収が遅れている売掛債権などが含まれている可能性もあります。ほかの分析指標を用いて支払い能力を判断することも覚えておいてください。

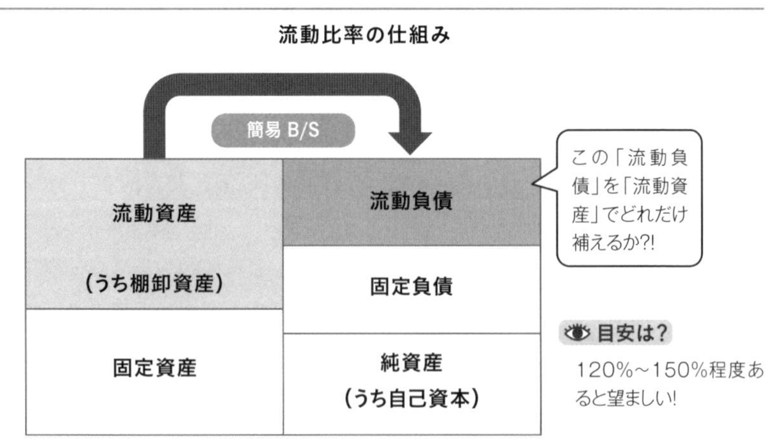

観点2　安全性の分析【基礎】

②当座比率

どんなことを見る指標？

当座比率は、前節の流動比率と同様に**「短期的な支払い能力」に着目**した指標として活用されています。流動比率との違いは、**流動資産から棚卸資産を差し引く**ことです。棚卸資産には前述したとおり不良在庫が計上されていることが多いため、棚卸資産を除くことでより厳密に短期的な支払い能力を見ることが可能になります。

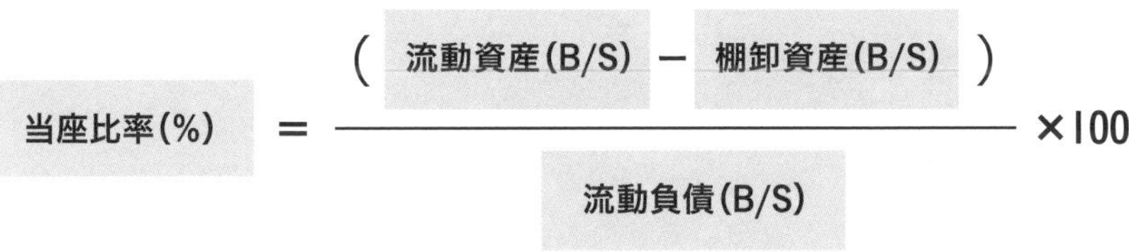

$$当座比率(\%) = \frac{(流動資産(B/S) - 棚卸資産(B/S))}{流動負債(B/S)} \times 100$$

当座比率の仕組み

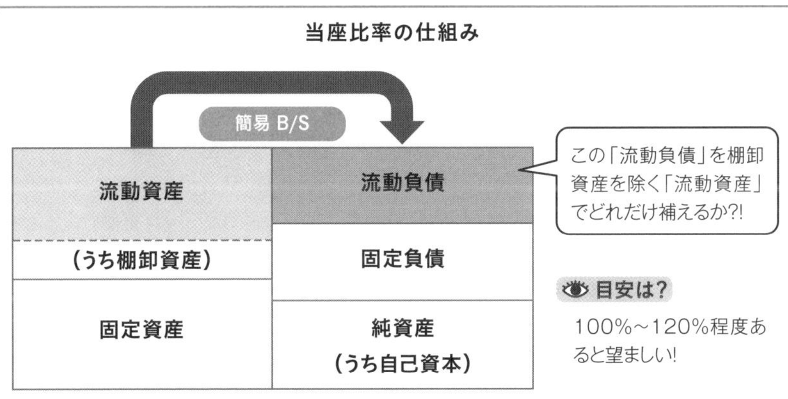

③固定比率

どんなことを見る指標?

固定比率は、**財務の「長期的な支払い能力」に着目**した指標として活用されています。この指標は、**「自己資本でどれだけ固定資産を賄えていたか」**を表します。固定比率の数値が低い、つまり自己資本が固定資産をより上回っている状態であるほど、安定的で優良であると判断できます。

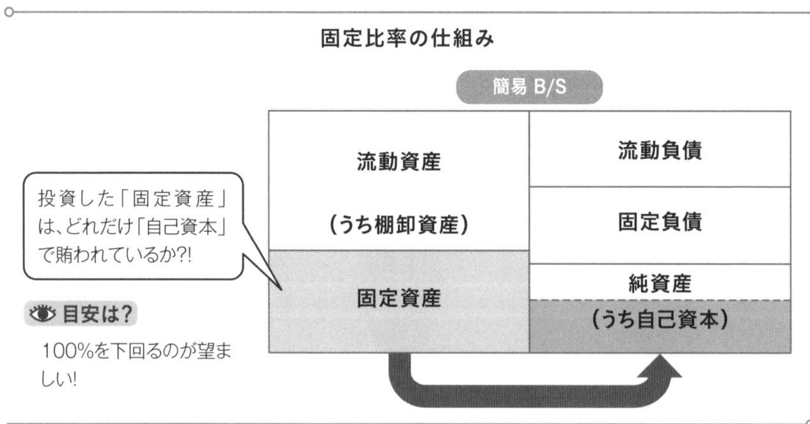

観点2　安全性の分析【基礎】

④固定長期適合率

どんなことを見る指標?

固定長期適合率は、固定比率と同様に**財務の「長期的な支払い能力」に着目**した指標として活用されています。違いは、固定長期適合率は、自己資本に**長期的な負債である固定負債を加えて計算**することです。

例えば、固定長期適合率が100%を超えている状態は「自己資本と固定負債の合計額が固定資産を賄えていない」ということです。言い換えると、長期的に活用して収益を生み出す固定資産の資金を、短期借入金などで用立てていることを意味し、財務的に不安定な状態だと分析できます。

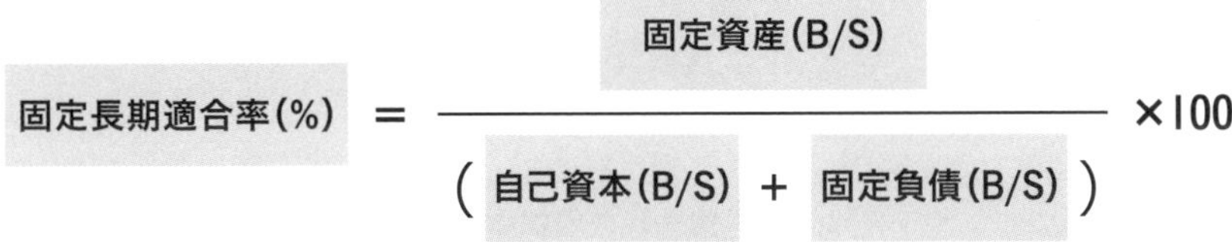

$$固定長期適合率(\%) = \frac{固定資産(B/S)}{(自己資本(B/S) + 固定負債(B/S))} \times 100$$

固定長期適合率の仕組み

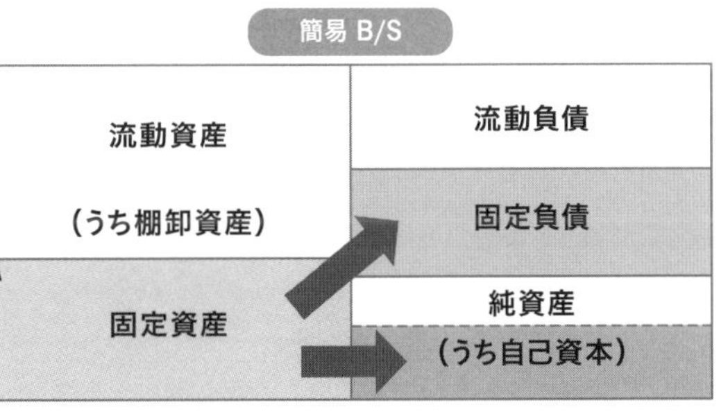

投資した「固定資産」はどれだけの「固定負債」と「自己資本」で賄われているか?!

目安は?

固定資産過多の状態にならないように、100%を少し下回るのが望ましい!

⑤自己資本比率

どんなことを見る指標?

自己資本比率とは、**調達した資金のうち「返済不要の資金が占める割合」に着目**した指標です。安全性の観点からは比率が高いほうが良いとされますが、株主などから求められるのは、少ない資本で高い収益を創出することです。自己資本比率が高すぎるとROE(自己資本利益率＝当期純利益÷自己資本×100)が低下し、効率性も落ちてしまいます。

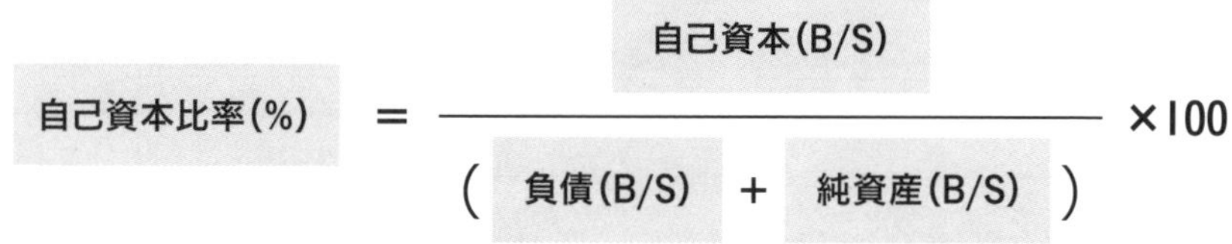

自己資本比率の仕組み

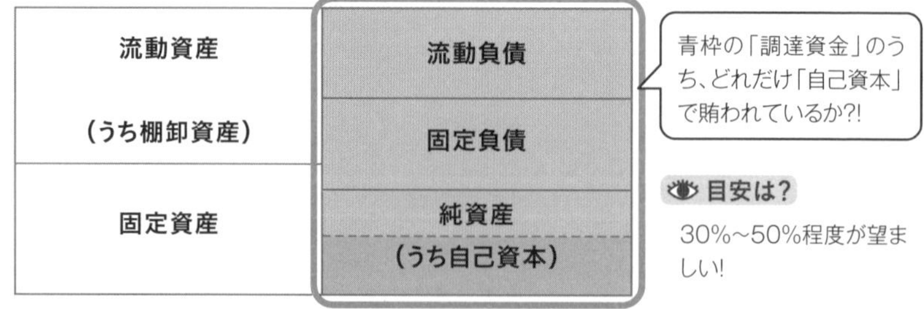

コラム

キャッシュレス決済 <その1>

15年ほど前から、当時は交通系ICカードやクレジットカードを利用して、できるだけキャッシュレスの生活をしているので、いろいろなキャッシュレス決済の手段が普及した現在でも現金しか使えない場合は、少しテンションが下がります。

PayPayなどQRコード決済のアプリも増えていますが、皆さんはどのくらい利用していますか？

2019年から始まった国のキャッシュレス還元(2020年6月で終了)の後押しもあって、キャッシュレス決済はかなり普及したように感じています。税金ですらクレジットカードで支払いできる時代です。

キャッシュレスの利便性といえば、銀行やATMに行く回数が格段に減り、インターネットやリアル店舗でもスムーズに決済ができ、釣り銭の渡し間違えなどミスが起こりにくく、履歴が残るなどたくさんあります。

また、コストの観点からは、利用額によって年会費以上にポイントが還元されるのがいいですね。本書を執筆している2020年8月現在、新型コロナ感染症の影響でさらにキャッシュレス決済の利用が進んでいるようです。

企業側の一番のメリットといえば、入出金管理の効率化でしょう。現金商売をしていると釣り銭の準備から始まり、売上金の口座への入金、現金出納帳の帳簿づけ、紛失・差額が発生した場合の原因の追究など、対応しなければならないことが山積みです。

確かに企業側としては、キャッシュレス決済を利用されると決済額の2％～5％程度が決済手数料という形でコストが発生しますが、管理業務の手間を大幅に減らすことができます。新しい取り組みに対して慎重になることは大事ですが、企業として生き残っていくためには「変化しつづけること」が何より重要だと思います。

まだキャッシュレス決済に抵抗があるという企業も、ぜひこの機会に検討してみるといいのではないでしょうか。

コラム「キャッシュレス決済<その2>」(P.124)につづく

観点2　安全性の分析【実践】

イオンの安全性分析＜ステップ1・2＞

イオンの連結B/Sを入手

本節では日本を代表する小売業(スーパーマーケット事業)を営む、イオンを安全性の面から分析してみます。まずEDINETで有価証券報告書を入手し、次ページのように連結B/Sを抜き出します。

連結B/Sの要約

連結B/Sから必要な情報をピックアップして、次図のように簡易B/Sにまとめましょう。分析するために必要な情報に漏れがないよう気をつけてください。

イオンの簡易B/S

(単位:百万円)

資産	金額	負債・純資産	金額
流動資産 (うち棚卸資産	6,006,010 598,420)	流動負債	6,007,156
固定資産	4,043,669	固定負債	2,167,159
		純資産 (うち自己資本	1,875,364 1,093,635)
総資産	10,049,680※	負債＋純資産	10,049,680※

※有価証券報告書のB/S、P/L等は、千円未満、百万円未満の端数が切り捨て処理されるため、切り捨て後の数値で単純に合計すると集計値とはズレが生じます。

イオンの有価証券報告書より連結B/Sを抜粋（2019年2月期）

（単位:百万円）

	前連結会計年度 (2018年2月28日)	当連結会計年度 (2019年2月28日)
資産の部		
流動資産		
現金及び預金	※4 918,053	※4,※6 852,382
コールローン	—	27,138
受取手形及び売掛金	※4 1,292,103	※4 1,461,616
有価証券	※1,※4,※6 208,866	※1,※4,※5 428,657
たな卸資産	※2 600,287	※2 598,420
繰延税金資産	45,707	47,349
営業貸付金	※4,※8,※11 347,829	※4,※8,※11 393,914
銀行業における貸出金	※9,※11 1,819,681	※9,※11 1,965,353
その他	298,118	335,513
貸倒引当金	△56,525	△104,335
流動資産合計	5,474,121	6,006,010
固定資産		
有形固定資産		
建物及び構築物(純額)	※4 1,529,041	※4 1,549,236
工具、器具及び備品(純額)	228,380	224,925
土地	※4 828,326	※4 890,857
リース資産(純額)	75,653	73,515
建設仮勘定	93,251	51,887
その他(純額)	459	449
有形固定資産合計	※3 2,755,112	※3 2,790,872
無形固定資産		
のれん	155,628	147,727
ソフトウエア	77,090	88,989
リース資産	26,584	27,101
その他	35,796	37,304
無形固定資産合計	295,100	301,123
投資その他の資産		
投資有価証券	※5,※7 252,386	※5,※7 231,120
退職給付に係る資産	16,209	19,552
固定化営業債権	※10 5,476	※10 4,898
繰延税金資産	96,951	112,080
差入保証金	※5,※6 406,500	※4,※5,※6 424,362
店舗賃借仮勘定	2,349	2,378
その他	160,649	167,835
貸倒引当金	△12,102	△10,554
投資その他の資産合計	928,421	951,674
固定資産合計	3,978,634	4,043,669
資産合計	9,452,756	10,049,680

簡易B/Sの「総資産」と同義

	前連結会計年度 (2018年2月28日)	当連結会計年度 (2019年2月28日)
負債の部		
流動負債		
支払手形及び買掛金	906,195	914,150
銀行業における預金	3,007,289	3,443,053
短期借入金	※4 332,486	※4 385,634
1年内返済予定の長期借入金	※4 272,136	※4 230,054
1年内償還予定の社債	25,803	96,312
1年内償還予定の新株予約権付社債	—	29,946
コマーシャル・ペーパー	81,049	92,079
リース債務	14,460	13,908
未払法人税等	50,003	56,526
賞与引当金	31,874	33,078
店舗閉鎖損失引当金	5,790	10,882
ポイント引当金	19,435	20,943
設備関係支払手形	106,253	68,999
その他	※4 594,862	※4 611,585
流動負債合計	5,447,642	6,007,156
固定負債		
社債	482,112	489,661
新株予約権付社債	29,948	—
長期借入金	※4 1,026,738	※4 1,127,742
リース債務	61,055	63,128
繰延税金負債	54,648	41,623
役員退職慰労引当金	927	911
店舗閉鎖損失引当金	3,776	2,958
偶発損失引当金	75	62
利息返還損失引当金	3,098	3,842
商品券回収損失引当金	4,956	5,154
退職給付に係る負債	25,643	28,311
資産除去債務	85,993	94,955
長期預り保証金	※4 264,591	※4 265,622
その他	※4 44,811	※4 43,184
固定負債合計	2,088,377	2,167,159
負債合計	7,536,019	8,174,316

	前連結会計年度 (2018年2月28日)	当連結会計年度 (2019年2月28日)
純資産の部		
株主資本		
資本金	220,007	220,007
資本剰余金	306,464	302,636
利益剰余金	574,409	561,135
自己株式	△38,962	△36,290
株主資本合計	1,061,920	1,047,490
その他の包括利益累計額		
その他有価証券評価差額金	77,701	47,391
繰延ヘッジ損益	△3,013	△2,542
為替換算調整勘定	13,356	2,155
退職給付に係る調整累計額	1,597	△859
その他の包括利益累計額合計	89,641	46,145
新株予約権	1,921	1,960
非支配株主持分	763,254	779,768
純資産合計	1,916,737	1,875,364
負債純資産合計	9,452,756	10,049,680

合計が簡易B/Sの「自己資本」になる

観点2　安全性の分析【実践】

<ステップ3>指標分析

①流動比率の分析

簡易B/Sから必要な情報を収集し、計算式に当てはめて算出します。

- **流動比率(%)の算式**

流動資産÷流動負債×100

- **使用する決算数値**

・流動資産：6,006,010百万円

・流動負債：6,007,156百万円

- **計算結果**

6,006,010百万円÷6,007,156百万円×100＝99.98%

流動比率のポイント

流動比率は、約100%という結果になりました。

流動比率の目安は100%以上あるのが望ましい状態ですが、イオンは**小売業での収益が大半を占め、消費者から獲得する売上がすぐに現金となるケースが多い**ことから、今回のように100%を少し下回っていても支払い能力が低いと考える必要はないでしょう。このように**業界の特性なども考慮して分析**するようにしましょう。

流動比率を簡易B/Sに当てはめたイメージ（単位:百万円）

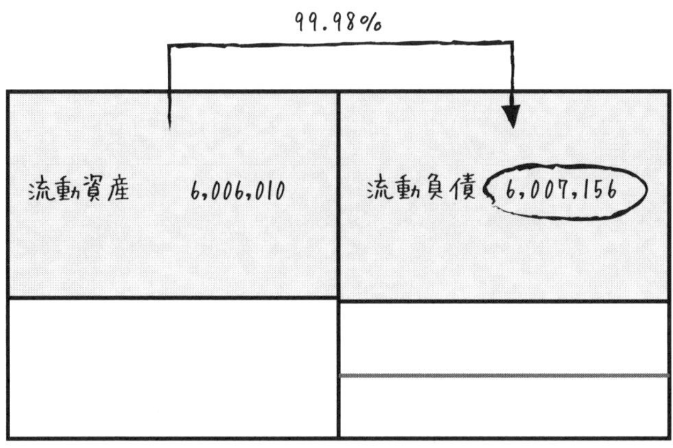

②当座比率の分析

● **当座比率(%)の算式**

(流動資産－棚卸資産)÷流動負債×100

● **使用する決算数値**

・流動資産：6,006,010百万円

・棚卸資産：598,420百万円

・流動負債：6,007,156百万円

● **計算結果**

(6,006,010百万円－598,420百万円)÷6,007,156百万円×100

＝90.01％

当座比率のポイント

当座比率は、約90％となりました。当座比率は在庫である棚卸資産を除いたあとの流動資産を基に計算する比率です。本来、100％～120％程度あるのが望ましい状態ですが、イオンは前述のように小売業がメインであり、その中でもスーパーマーケットという比較的商品在庫が頻繁に入れ替わる業種です。商品が売れて入れ替わるということはすぐに現金になるので、**不良在庫が少ないと想定すれば問題ない数値**でしょう。

当座比率を簡易B/Sに当てはめたイメージ（単位:百万円）

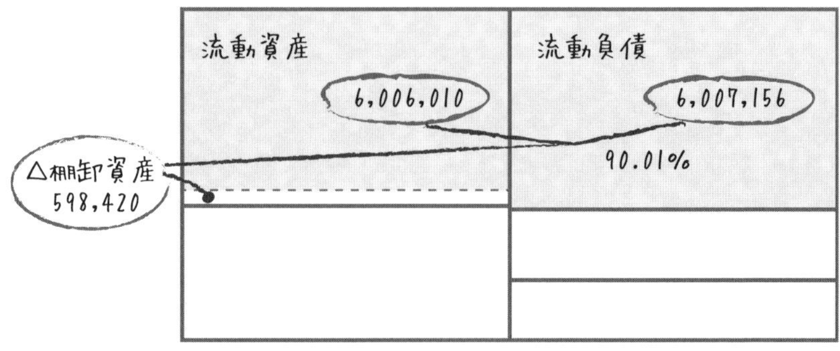

③固定比率の分析

- **固定比率(％)の算式**

  固定資産÷自己資本×100

- **使用する決算数値**

  ・固定資産：4,043,669百万円

  ・自己資本：1,093,635百万円

- **計算結果**

  4,043,669百万円÷1,093,635百万円×100＝369.74％

固定比率のポイント

固定比率は、固定資産が自己資本で賄われている割合を示しており、100％未満であれば自己資本ですべて賄われていて安全性の観点では優良とされています。今回の約370％という結果は、**自己資本以外の資金で固定資産を賄っている**ということを意味します。これが直ちに問題になることではありませんが、次に説明する固定長期適合率と併せて確認をしましょう。

固定比率を簡易B/Sに当てはめたイメージ（単位:百万円）

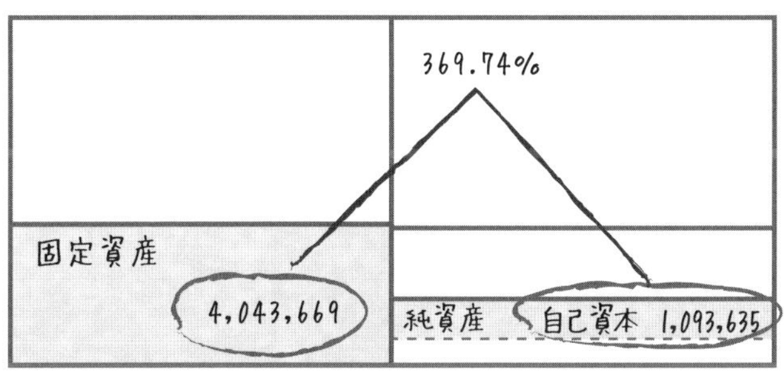

④固定長期適合率の分析

● **固定長期適合率（%）の算式**

固定資産÷（自己資本＋固定負債）×100

● **使用する決算数値**

・固定資産：4,043,669百万円

・固定負債：2,167,159百万円

・自己資本：1,093,635百万円

● **計算結果**

4,043,669百万円÷（1,093,635百万円＋2,167,159百万円）×100＝124.00％

固定長期適合率のポイント

固定長期適合率を見てみると124%ということなので、現状は自己資本と固定負債を合わせても固定資産を賄うことができていない状態となります。このように**短期借入金などで固定資産を賄っているような状態では負担が重い**ので、目安の100%を少し下回る数字になるよう、企業努力が必要になります。

固定長期適合率を簡易B/Sに当てはめたイメージ(単位:百万円)

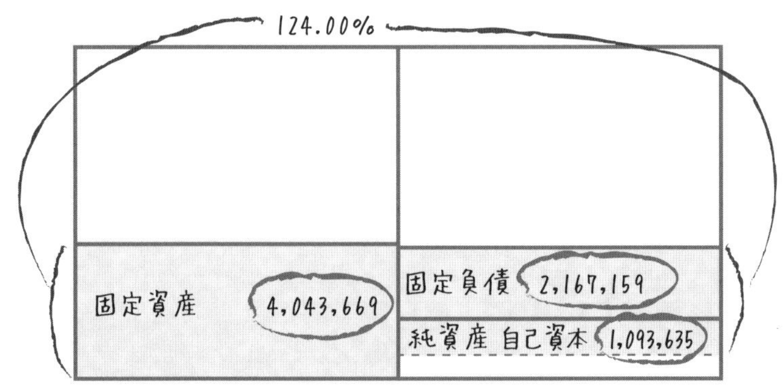

⑤自己資本比率の分析

● 自己資本比率(%)の算式

自己資本÷(負債+純資産)×100

● 使用する決算数値

・負債　　：8,174,315百万円

(流動負債6,007,156百万円+固定負債2,167,159百万円)

・純資産　：1,875,364百万円

・自己資本：1,093,635百万円

● 計算結果

1,093,635百万円÷(8,174,315百万円+1,875,364百万円)×100

=10.88%

自己資本比率のポイント

自己資本比率は、調達した資金のうち返済義務のない資金の比率を表す指標です。30%～50%あると優良と判断されるので、今回の約10%だとかなり少ない印象です。経年で変化を見て、**当期がイレギュラーな状態なのか、数年にわたり継続している状態なのかの確認**が必要です。

自己資本比率を簡易B/Sに当てはめたイメージ（単位:百万円）

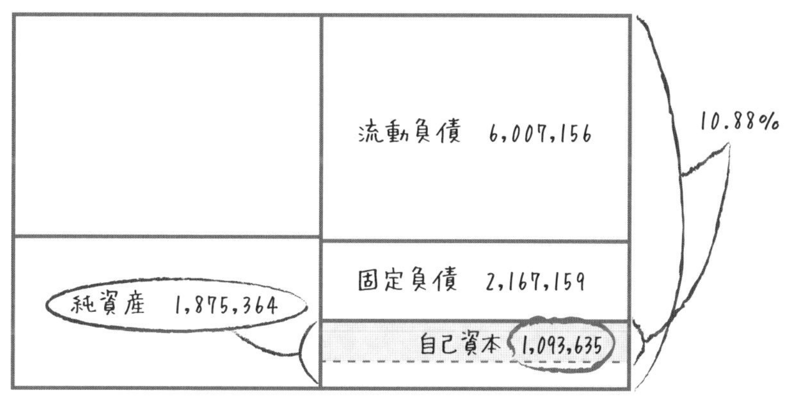

イオンの安全性の分析まとめ

流動比率約100%、当座比率約90%は業種特性から大きな問題はないと考えられます。しかし、固定比率約370%や固定長期適合率124%、自己資本比率約10%という状況は企業努力による改善の余地があるものと考えます。

観点3　収益性の分析【基礎】

各利益が売上高に占める割合がわかる

収益性の分析とは

収益性は、P/Lを分析する指標です。

決算(月次、四半期、年度)ごとに作成されるP/Lから、利益率を計算し分析します。売上総利益など、**P/Lの各利益を売上高で割って算出するので、非常にシンプルでわかりやすい**指標です。簡易P/Lを作らなくてもP/Lの横に、次表のように利益率を記入していくだけでその企業の経営状況を把握することが可能です。

収益性の分析で使う４つの指標

P/L

項目	金額	利益率（各利益÷売上高×100）
売上高	100,000	
売上総利益	50,000	①売上総利益率　50%
営業利益	10,000	②営業利益率　10%
経常利益	8,000	③経常利益率　8%
当期純利益	5,000	④当期純利益率　5%

観点3　収益性の分析【基礎】

①売上総利益率

どんなことを見る指標？

売上総利益は、売上高から売上原価を差し引くことで算出できます。

売上総利益率は、売上高から売上獲得に必ず必要になる売上原価を差し引いた、**売上総利益の収益性を見る**指標です。企業の稼ぎ方や売上原価の構成は、業種などによって取り扱う商品やサービス、物量、ビジネスモデルなどで大きく違いが出るのと同じく、売上総利益率の平均値も大きく異なります。コンサルティング業など売上原価がない（売上高＝売上総利益）というケースもありますし、反対に、商品を薄利多売するような傾向の業種では売上原価が全体のコストの多くを占めることもあります。

1社を単年度だけで分析するのではなく、**複数年度の実績を同業他社と比較**しながら分析すると現状がよくわかります。

$$\text{売上総利益率(\%)} = \frac{\text{売上総利益(P/L)}}{\text{売上高(P/L)}} \times 100$$

売上総利益率の目安

●製造業平均：19.6％　●卸売業平均：11.4％

●小売業平均：28.0％　●飲食業平均：48.0％

（出典）経済産業省企業活動基本調査の「統計表一覧一速報（概況）」から「2019年企業活動基本調査速報－2018年度実績－」を基に筆者算出。

観点3　収益性の分析【基礎】

②営業利益率

どんなことを見る指標?

営業利益とは、「本業」により稼ぎ出した利益のことなので、営業利益率は**「本業全体」の収益性を見る**指標です。こちらも売上総利益率と同じく、同業他社の情報と比較しながら分析しましょう。

営業利益は、売上総利益から販売費及び一般管理費を差し引くことで算出できます。同業他社と比較して営業利益率が低いという場合は、問題が売上原価(率)なのか、それとも販売費及び一般管理費の中のどれかの経費なのか、例えば販売促進費や広告宣伝費なのかを分析するためのきっかけとしても使うことができます。

$$\text{営業利益率(\%)} = \frac{\text{営業利益(P/L)}}{\text{売上高(P/L)}} \times 100$$

営業利益率の目安

- 製造業平均：4.8%
- 卸売業平均：1.9%
- 小売業平均：2.6%
- 飲食業平均：3.7%

(出典) 経済産業省企業活動基本調査の「統計表一覧―速報（概況)」から「2019年企業活動基本調査速報－2018年度実績－」を基に筆者算出。

観点3　収益性の分析【基礎】

③経常利益率

どんなことを見る指標?

経常利益は、本業で得られた営業利益に「本業以外」で継続的に発生した収益(営業外収益)と費用(営業外費用)を加減算した利益です。

経常利益率は、**売上高に対する経常利益の利益率を見る**指標です。**本業以外の損益にどのようなものがあるかを知り、企業に与えている影響を考え分析**します。本業以外の損益として例えば、仲介手数料などの継続的に発生している雑収入や、金融機関からの融資に対する支払利息などがあります。

$$経常利益率(\%) = \frac{経常利益(P/L)}{売上高(P/L)} \times 100$$

経常利益率の目安

- 製造業平均：7.3%
- 卸売業平均：3.2%
- 小売業平均：3.0%
- 飲食業平均：4.1%

(出典) 経済産業省企業活動基本調査の「統計表一覧—速報(概況)」から「2019年企業活動基本調査速報－2018年度実績－」を基に筆者算出。

観点3　収益性の分析【基礎】

④当期純利益率

どんなことを見る指標?

当期純利益率とは、**税金を控除したあとの最終利益の利益率を見る**指標です。当期純利益は、「税引前当期純利益」から法人税等を差し引くと算出できます。

分析内容によっては、税金を差し引く前の「税引前当期純利益」を指標の計算に使用する場合もあります。

税金を考慮する必要がなく企業の稼ぐ力を見たい場合は、**「税引前当期純利益」**を用います。最終的に企業に残る利益の率を見たい場合は、税金を控除したあとの**「当期純利益」**を計算に用います。

$$\text{当期純利益率(\%)} = \frac{\text{当期純利益(P/L)}}{\text{売上高(P/L)}} \times 100$$

当期純利益率の目安

- 製造業平均：5.2%
- 卸売業平均：2.4%
- 小売業平均：1.8%
- 飲食業平均：2.4%

（出典）経済産業省企業活動基本調査の「統計表一覧―速報（概況）」から「2019年企業活動基本調査速報－2018年度実績－」を基に筆者算出。

MINI INFO

イオンの収益構造

イオンの収益構造

2020年2月期 通期

営業収益比率

■GMS事業 3,070,521 百万円 (35.7%)
■SM事業 3,224,363 百万円 (37.5%)
■ヘルス&ウエルネス事業 883,220 百万円 (10.3%)
■総合金融事業 484,719 百万円 (5.6%)
■ディベロッパー事業 371,926 百万円 (4.3%)
■サービス・専門店事業 739,599 百万円 (8.6%)
■国際事業 439,202 百万円 (5.1%)
■その他 52,623 百万円 (0.6%)
■調整額 -661,968 百万円 (-7.7%)

営業利益比率

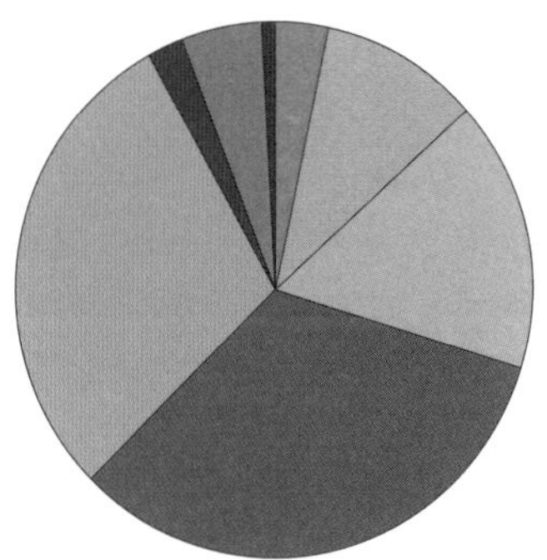

■GMS事業 7,223 百万円 (3.4%)
■SM事業 21,507 百万円 (10.0%)
■ヘルス&ウエルネス事業 35,029 百万円 (16.3%)
■総合金融事業 70,464 百万円 (32.7%)
■ディベロッパー事業 63,279 百万円 (29.4%)
■サービス・専門店事業 5,124 百万円 (2.4%)
■国際事業 10,386 百万円 (4.8%)
■その他 1,789 百万円 (0.8%)
■調整額 724 百万円 (0.3%)

(出典)イオンホームページにある「株主・投資家の皆さま」の「事業の種類別セグメント情報」より

上図は、イオンの2020年2月期(通期)のセグメント別の営業収益、営業利益の比率を示したグラフです。

GMS(総合スーパー)事業、SM(スーパーマーケット)事業と呼ばれる小売業の利益はメイン事業ではありますが、ほかの事業に比べて利益の比率は少ないようです。イオンの利益は、実は総合金融事業やディベロッパー事業の利益で賄われていることがわかります。このような投資家向けのIR情報なども参考にするとより有意義な分析が可能になります。

観点3　収益性の分析【実践】

イオンの収益性分析 <ステップ1・2>

イオンの連結P/Lを入手

観点２の安全性の分析ではイオンの連結B/Sを使って見てきましたが、今回の収益性の分析では、イオンの連結P/Lを使用します。まずEDINETで有価証券報告書を入手し、次ページのように連結P/Lを抜き出します。

連結P/Lの要約

連結P/Lから必要な情報をピックアップして、次のように簡易P/Lにまとめましょう。必要な情報に漏れがないよう気をつけてください。

イオンの簡易P/L

（単位:百万円）

売上高	8,518,215
売上原価	5,427,734
売上総利益	3,090,481
販売費及び一般管理費	2,878,224
営業利益	212,256
経常利益	215,117
税金等調整前当期純利益	168,083
当期純利益	88,253

イオンの有価証券報告書より連結P/Lを抜粋（2019年２月期）

（単位:百万円）

	前連結会計年度（自2017年3月1日 至2018年2月28日）	当連結会計年度（自2018年3月1日 至2019年2月28日）
営業収益		
売上高	7,380,567	7,452,464
総合金融事業における営業収益	363,824	391,363
その他の営業収益	645,620	674,388
営業収益合計	8,390,012	8,518,215
営業原価		
売上原価	5,325,422	5,392,966
総合金融事業における営業原価	31,260	34,767
営業原価合計	5,356,683	5,427,734
売上総利益	※1 2,055,144	※1 2,059,497
営業総利益	※2 3,033,329	※2 3,090,481
販売費及び一般管理費		
広告宣伝費	184,715	188,760
貸倒引当金繰入額	45,597	50,126
従業員給料及び賞与	990,440	1,002,740
賞与引当金繰入額	31,874	33,078
法定福利及び厚生費	169,113	173,797
水道光熱費	146,381	152,694
減価償却費	225,982	231,590
修繕維持費	145,802	152,383
地代家賃	435,817	444,569
のれん償却額	15,405	15,150
その他	431,926	433,332
販売費及び一般管理費合計	2,823,056	2,878,224
営業利益	210,273	212,256
営業外収益		
受取利息	2,540	3,257
受取配当金	2,371	2,421
持分法による投資利益	3,839	2,532
未回収商品券受入益	3,414	3,725
テナント退店違約金受入益	2,759	2,671
貸倒引当金戻入額	716	773
差入保証金回収益	2,707	1,594
その他	9,756	10,771
営業外収益合計	28,106	27,748
営業外費用		
支払利息	15,321	16,409
その他	9,286	8,477
営業外費用合計	24,607	24,887
経常利益	213,772	215,117

	前連結会計年度（自2017年3月1日 至2018年2月28日）	当連結会計年度（自2018年3月1日 至2019年2月28日）
特別利益		
固定資産売却益	※3 22,582	※3 26,258
受取保険金	220	8,935
その他	4,384	3,475
特別利益合計	27,186	38,669
特別損失		
固定資産売却損	3,606	887
減損損失	※6 48,332	※6 62,724
店舗閉鎖損失引当金繰入額	4,132	8,878
固定資産除却損	※5 3,466	※5 3,119
店舗閉鎖損失	3,558	1,475
災害による損失	—	7,222
その他	9,267	1,394
特別損失合計	72,364	85,703
税金等調整前当期純利益	168,594	168,083
法人税、住民税及び事業税	83,807	89,629
法人税等調整額	△8,072	△9,800
法人税等合計	75,735	79,829
当期純利益	92,859	88,253
非支配株主に帰属する当期純利益	68,336	64,615
親会社株主に帰属する当期純利益	24,522	23,637

<ステップ3>指標分析

①売上総利益率の分析

簡易P/Lから必要な情報を収集し、計算式に当てはめて算出します。

● 売上総利益率(%)の算式

売上総利益÷売上高×100

● 使用する決算数値

・売上高　　：8,518,215百万円

・売上総利益：3,090,481百万円

● 計算結果

3,090,481百万円÷8,518,215百万円×100＝36.28%

売上総利益率のポイント

イオンもほかの大企業と同じく連結のグループ会社がたくさんあります。その中でも一般的なイオンのイメージとしては、スーパーなど小売業をまずは連想すると思いますが、イオン銀行を代表に金融事業も行っています。

小売業のみで考えた場合、売上総利益率が約36%というのは少し高めという印象を持つことができます。

売上総利益率が高めになる要因として、**売上原価が多くかからない金融事業による収益が貢献している**と考えられ、イオングループにとっては重要な収益源であることが分析できます。

②営業利益率の分析

営業利益率(%)の算式

営業利益÷売上高×100

使用する決算数値

・売上高　：8,518,215百万円

・営業利益：212,256百万円

計算結果

212,256百万円÷8,518,215百万円×100＝2.49%

営業利益率のポイント

営業利益率が約2.5%というと少ないように見えますが、金額は約2,122億円にもなるので利益額はとても大きくなっています。

営業利益は通常の営業活動によって発生する利益なので、本業で稼ぎ出した収益から本業を営むためのコストを差し引いた金額で、**広告宣伝費や設備投資による減価償却費が差し引かれています。**

そのため、企業の方針によっては、一定の利益を残した上で今後の収益獲得のために広告宣伝や設備投資を積極的に行って利益を抑えるという対策をとることもあります。

対象企業のホームページに掲載されているIR情報などで、企業の経営スタンスなどを把握しておくと分析する上でより有用になります。

③経常利益率

経常利益率(%)の算式

経常利益÷売上高×100

使用する決算数値

・売上高　：8,518,215百万円

・経常利益：215,117百万円

● **計算結果**

215,117百万円÷8,518,215百万円×100＝2.52％

経常利益率のポイント

経常利益は、営業利益から本業以外の収益・費用損失などを加減算した利益なので、**経常利益率が営業利益率と大きく相違するようなら、その内容を確認して企業への影響を把握**しておく必要があります。イオンの今回対象にした事業年度では、２つの利益率に大きな乖離が見られないので、本業以外での大きな収益、費用損失などは発生せず軽微な影響にとどまっていると読み取れます。

④当期純利益率

● **当期純利益率(％)の算式**

当期純利益÷売上高×100

● **使用する決算数値**

・売上高　　：8,518,215百万円

・当期純利益：88,253百万円

● **計算結果**

88,253百万円÷8,518,215百万円×100＝1.03％

当期純利益率のポイント

当期純利益は、法人税等を控除したあとの利益です。

企業の「稼ぐ力」を分析する場合は、営業利益や経常利益を参考にすることが多くなりますが、お金を出している投資家からは当期純利益率は重要視される指標の一つです。

その理由は、**当期純利益が税金を払い切って最終的に企業にストックされた利益であり、株主として受け取れる権利がある配当金の原資でもある**からです。立場の違いによって見るべき指標が異なるというのは、面白い話であると思います。

イオンの収益性の分析まとめ

売上総利益率が36.28％と、小売業の利益率としては高いほうです。その理由として金融業など多角化されたグループ企業による好影響があると考えられます。

営業利益率、経常利益率などは業種として平均値相当ですが、当期純利益率が低いため、対象年度でイレギュラーな利益や損失が発生していないかを確認する必要があります。

今回の要因としては、対象年度で「減損損失」という損失項目が大きく影響しています。

減損損失とは、投資した固定資産の収益性が下がり、当初予定していた金額の回収見込みが立たなくなったときに、その回収できない下落部分を臨時的な損失として処理するための項目です。

イオンにおいても、投資した固定資産で想定していた収益の回収ができなかったものと考えられます。

知っトク会計知識

【会計基準による表記の違い】

適用する会計基準によって決算書の表記の一部が異なる。例えば、IFRSであれば、P/Lは「純損益及び包括利益計算書」、B/Sは「財政状態計算書」となる。また、「自己資本」は、IFRSでは「親会社所有者帰属持分」、米国会計基準では「株主資本」などと表記される。同様に、純資産のうち親会社株主持分でない部分は、日本の会計基準では「少数株主持分」、IFRSと米国会計基準では「非支配持分」と表記される。

観点4　効率性の分析【基礎】

資産や負債の活用状況がわかる

効率性の分析とは

効率性の経営分析とは、企業が行っている**経済活動のパフォーマンスの高さを測る**ものです。例えば、少ない資産で大きな収益を上げている、売上の現金回収が早い、在庫量が適正で在庫切れや不良在庫などの無駄がないなど、最適なB/Sにどれだけ近づいているのかを見る指標となります。効率性は生産性と呼ばれることもあり、**間接的に収益を生み出す力**ともいえるでしょう。

効率性の分析で使う4つの指標

指標	内容
①総資産回転率と回転期間	保有する総資産がどれだけ効率的に活用されたかを見る指標
②売掛債権回転率と回転期間	保有する売掛債権がどの程度回収できていたかを見る指標
③棚卸資産回転率と回転期間	保有する棚卸資産（商品、製品、材料など）がどれだけ効率的に活用されたかを見る指標
④仕入債務回転率と回転期間	仕入債務の支払いをどれだけ効率的に行っていたかを見る指標

効率性は回転率で表す

効率性を分析する場合は、企業が保有する資産や負債の「回転率」を計算することになります。例えば、１つの資産でどれだけ売上高を上げられるかを考え、仮に同じ売上高であれば2つの資産で同じ売上高を上げるより、1つの資産で売上高を上げたほうが2倍の回転率となり効率的ということになります。効率性を高めるためには、売上高を生み出す元となる**保有資産を効果的に活用して収益を増やすことを検討**しなければなりません。また、売上高を生み出さない**不要な資産や負債を整理**する必要もあります。このような経営判断を行うための情報として、回転率は有効な指標なのです。

効率性の仕組み

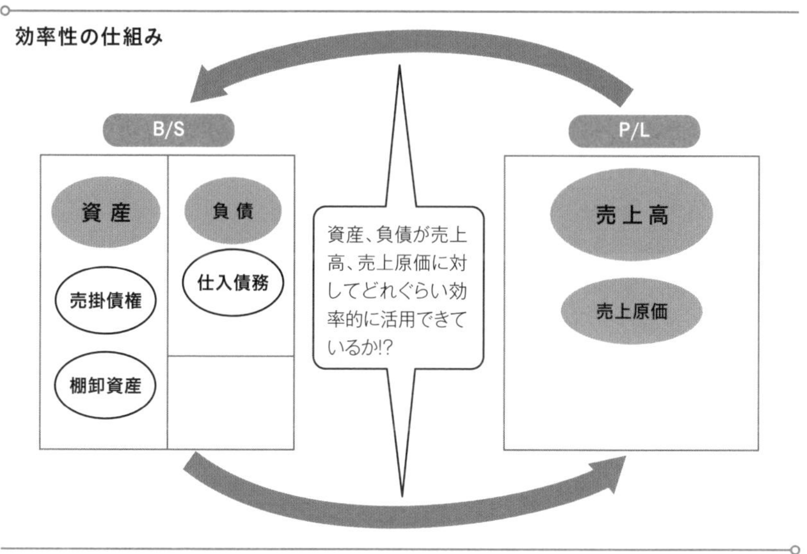

効率性の計算で使用するもの

効率性の分析では、分母(B/S)となる金額は**「平均値」**を用いることが一般的です。P/L項目との時間軸がズレていて、期首や期末どちらかの時点のみで計算すると数字が偏るので、期首と期末の合計値を2で割った金額(期中平均)や、期中の月末平均残高などを使用するなど、平均値を使用して分析します。そのため効率性を計算するときは、**当期末のB/Sのほか、前期末(当期首)時点のB/Sも確認**する必要があります。本書の【実践】ページの該当箇所では計算方法を書いていますので参考にしてください。

観点4　効率性の分析【基礎】

①総資産回転率と回転期間

どんなことを見る指標?

総資産回転率とは、**保有する総資産がどれだけ効率的に活用されていたかを見る**指標で、会計期間中に売上高が総資産の何回転分だったかという回転率で効率性を測ります。また、回転率を用いて、回転期間(月)を算出することもできます。

$$総資産回転率(回) = \frac{売上高(P/L)}{総資産(B/S)}$$

回転期間(月)　＝　12か月　÷　総資産回転率(回)

例えば、企業が100億円の総資産を保有していて、年間120億円の売上高を獲得できたのなら、総資産回転率は1.2回となります。年間150億円の売上高なら同じ資産でも1.5回となり、後者のほうが大きな売上高を獲得できていたということで効率的であったといえます。

総資産回転率と回転期間の目安

回転期間は保有する総資産を活用して、何か月で売上高が1回転したかという指標なので、**回転数が多いほど少ない資産を効率的に活用して売上を獲得できていた**ことを意味します。総資産回転率の判断目安は1回程度なので、**1回を上回っている状態が望ましい**とされています。

観点4　効率性の分析【基礎】

②売掛債権回転率と回転期間

どんなことを見る指標？

売掛債権回転率とは、**保有する売掛債権（主に売掛金や受取手形）がどの程度回収できていたかを見る**指標で、会計期間中に売上高が売掛債権の何回転分だったかという回転率と、それを用いた回転期間（月）で効率性を測ります。

$$\text{売掛債権回転率（回）} = \frac{\text{売上高（P/L）}}{\text{売掛債権（B/S）}}$$

回転期間（月）＝ 12か月 ÷ 売掛債権回転率（回）

回転率が高いほど、資産である売掛債権を効率的に回収できていたことを意味します。例えば、売上高が80億円で売掛債権が10億円だと、売掛債権回転率は8回となります。売上高が120億円なら同じ額の売掛債権でも12回となり、後者のほうがより効率的に売掛債権を回収できていたといえます。

売掛債権回転率と回転期間の目安

回転期間は何か月で1回転するかの指標なので、**短いほうが効率的**となります。

売掛債権回転率が12回であれば、回転期間は1か月となり、**毎月売掛債権の回収をしっかり行えていた望ましい状態**であるといえます。

観点4　効率性の分析【基礎】

③棚卸資産回転率と回転期間

どんなことを見る指標？

棚卸資産回転率とは、**保有する棚卸資産（商品、製品、材料など）がどれだけ効率的に活用されていたかを見る**指標です。

$$\text{棚卸資産回転率（回）} = \frac{\text{売上高（P/L）}}{\text{棚卸資産（B/S）}}$$

回転期間（月）　＝　12か月　÷　棚卸資産回転率（回）

回転率が高いほど、少ない棚卸資産を効率的に活用して売上を獲得できていたことを意味します。反対に効率的でないというケースは、過剰在庫や不良在庫を抱えている場合があります。在庫が多いということは、商品などを仕入れて現金を支払っているが売れるまでは経費にならないので、現金はないけれど利益が出る（税金はかかる）という構造です。手元の現金が不足することがあるので注意が必要な状態です。

棚卸資産回転率と回転期間の目安

回転期間は**短いほうがより棚卸資産を効率的に活用できていた**ことを示します。例えば、棚卸資産回転率が30回だった場合は回転期間は0.4月となり、**1か月以内で回転しているので効率性は望ましい状態**といえます。

観点4　効率性の分析【基礎】

④仕入債務回転率と回転期間

どんなことを見る指標?

仕入債務回転率とは、**仕入債務(主に買掛金や支払手形)の支払いをどれだけ効率的に行っていたかを見る**指標です。

$$\text{仕入債務回転率(回)} = \frac{\text{売上原価(P/L)}}{\text{仕入債務(B/S)}}$$

回転期間(月)　＝　12か月　÷　仕入債務回転率(回)

仕入債務回転率が低いほど支払い期間をかけていることを意味します。反対に仕入債務回転率が高くなるのは、支払い期間が短いということです。

仕入債務回転率と回転期間の目安

回転率が低く支払い期間が延びている場合、戦略的に支払いサイト(期間)を延ばして資金繰りを楽にしているか、支払いサイトを延ばさざるを得ない状況になっているか、業界慣習なのかなどの理解は分析する上で大切なので、過去の回転率も参考にしてみるといいでしょう。

また、仕入債務回転率が6.15回だった場合、回転期間は1.95か月となり**約2か月のサイトで支払いが行われている(債務が回転している)ということなので、支払い効率の観点から望ましい状態**といえます。

観点4　効率性の分析【実践】

すかいらーくの分析 <ステップ1・2>

すかいらーくの連結B/SとP/Lを要約

すかいらーくは連結決算をIFRSで開示しているため、有価証券報告書上、B/Sは「連結財政状態計算書」、P/Lは「連結純損益及び包括利益計算書」となります。ここでは有価証券報告書の掲載は割愛しますが、次表のように簡易B/S、P/Lにまとめます。なお、IFRSの表記は日本の会計基準の表記と異なる項目があるので、P.109の「知っトク会計知識」で確認してください。

すかいらーくの有価証券報告書より抜粋（2019年12月期）（単位：百万円）

簡易B/S

資産	負債・純資産
流動資産　(36,658) （うち売掛債権※1　9,201） （うち棚卸資産　4,899）	流動負債　97,588 （うち仕入債務※2　10,997） 固定負債　223,574
固定資産　417,321	純資産　132,817 （うち自己資本　132,817）
総資産　453,979	負債＋純資産 453,979

※1　売掛債権は、B/Sに掲載がないので、有価証券報告書の「営業債権及びその他の債権」の営業債権から数字を抜き出す。

※2　仕入債務は、B/Sに掲載がないので、有価証券報告書の「営業債務及びその他の債務」の支払手形と買掛金を抜き出しその合計となる。

別途、次の期首数値を前期のB/Sから抜き出す

- ●期首　総資産　330,671
- ●期首　売掛債権　8,103
- ●期首　棚卸資産　4,282
- ●期首　仕入債務　10,666

簡易P/L

売上高（売上収益）	375,394
売上原価	114,045
売上総利益	261,348
販売費及び一般管理費	240,786
営業利益	20,562
経常利益	25,871
税金等調整前当期純利益	16,729
当期純利益	9,487

（注）便宜上、その他の営業収益、費用を販売費及び一般管理費にて調整している。

観点4　効率性の分析【実践】

＜ステップ3＞ 指標分析

①総資産回転率と回転期間の分析

- **総資産回転率(回)の算式：売上高÷総資産(期中平均)**
- **回転期間(月)の算式：12か月÷総資産回転率(回)**
- **使用する決算数値**
  - 売上高　　　：375,394百万円
  - 総資産(期首)：330,671百万円
  - 総資産(期末)：453,979百万円
  - 総資産(期中平均)：392,325百万円(期首と期末の合計値を2で割る)
- **総資産回転率の計算結果：**375,394百万円÷392,325百万円＝0.95回
- **回転期間の計算結果：**12か月÷0.95回＝12.6月

総資産回転率と回転期間のポイント

総資産回転率は、1回を超えると効率的とされますが、結果は0.95回と1回を少し下回っています。

要因を探るためには**総資産の内容を洗い出し、どの項目が多くなっているのかを調べてみる**必要があります。

回転期間は、12.6月となりました。飲食チェーン店の事業特性(総資産の内訳構成)などもあるため、**総資産回転率と合わせて同業他社との比較**をして分析しましょう。

②売掛債権回転率と回転期間の分析

- **売掛債権回転率(回)の算式:売上高÷売掛債権(期中平均)**
- **回転期間(月)の算式:12か月÷売掛債権回転率(回)**
- **使用する決算数値**
  - ・売上高　　　　　:375,394百万円
  - ・売掛債権(期首):8,103百万円
  - ・売掛債権(期末):9,201百万円
  - ・売掛債権(期中平均):8,652百万円(期首と期末の合計値を2で割る)
- **売掛債権回転率の計算結果:**375,394百万円÷8,652百万円
  ＝43.38回
- **回転期間の計算結果:**12か月÷43.39回＝0.27月

売掛債権回転率と回転期間のポイント

売掛債権回転率は、その回数が多いほど効率的であるとされています。今回の43.38回というのは、**他業種に比べると圧倒的に高い数値**です。

また、回転期間は0.27月ということなので、**８日程度で回転**していることになります。

飲食店のチェーンを展開している場合、キャッシュレス決済が進んでいても、まだ現金での決済も多いので、売掛債権回転率は、他業種に比べるととても効率的です。

③棚卸資産回転率と回転期間の分析

- **棚卸資産回転率(回)の算式:売上高÷棚卸資産(期中平均)**
- **回転期間(月)の算式:12か月÷棚卸資産回転率(回)**
- **使用する決算数値**

・売上高　　　　　：375,394百万円
・棚卸資産（期首）：4,282百万円
・棚卸資産（期末）：4,899百万円
・棚卸資産（期中平均）：4,590百万円（期首と期末の合計値を2で割る）

● **棚卸資産回転率の計算結果：** 375,394百万円÷4,590百万円
＝81.78回

● **回転期間の計算結果：** 12か月÷81.78回＝0.14月

棚卸資産回転率と回転期間のポイント

棚卸資産回転率と回転期間は回数が多いほど効率的であるとされているので、81.78回、0.14月という数値は非常に効率的であることを示しています。すかいらーくのような飲食業は商品を販売する小売業などと異なり、棚卸資産のような在庫をたくさん持つ必要がないので当然の結果ともいえるでしょう。

逆に**飲食店のような業界で棚卸資産が多く、回転率が低い場合はその要因を詳細に分析する必要があります。**

④仕入債務回転率と回転期間の分析

● **仕入債務回転率（回）の算式：売上原価÷仕入債務（期中平均）**

● **回転期間（月）の算式：12か月÷仕入債務回転率（回）**

● **使用する決算数値**

・売上原価　　　　：114,045百万円
・仕入債務（期首）：10,666百万円
・仕入債務（期末）：10,997百万円
・仕入債務（期中平均）：10,831百万円（期首と期末の合計値を2で割る）

● **仕入債務回転率の計算結果：** 114,045百万円÷10,831百万円
＝10.52回

● **回転期間の計算結果：** 12か月÷10.52回＝1.14月

仕入債務回転率と回転期間のポイント

仕入債務回転率は、一般的には6回～12回程度といわれています。12回であれば、回転期間は1か月、支払いサイトは1か月ごとになります。仕入債務回転率が6回であれば、回転期間は2か月、支払いサイトも2か月ごとということです。

今回の回転率10.52回と回転期間1.14月は、一般的な数字に近いものです。

仕入債務の効率性を考える場合は、**売掛債権の効率性も一緒に考慮**すると企業の資金繰りの状況がさらにつかめます。すかいらーくは、入金は非常に効率的で支払いは一般的という結果なので、短期的な資金繰りでは苦労していないと推察できます。

すかいらーくの効率性の分析まとめ

すかいらーくは飲食業をメインとしていることから、現金回収も多く売掛債権回転率は43.38回と非常に効率的です。

棚卸資産回転率も81.78回と効率的ではありますが、食品を扱うという業種の特性上「効率的でなければ問題がある」というのが正しい分析でしょう。

それらに比べて仕入債務回転率は一般的な数値ではありますが、全体的に効率的な経営が実践されていると分析できます。

観点5　成長性の分析【基礎】

他の観点をベースに、成長度合いがわかる

成長性の分析とは

成長性の分析は、既に解説した、総合力、安全性、収益性、効率性の数字の**「一定期間ごとの変化」**から企業の成長状況を分析する指標で、分析手法はとてもシンプルになります。

成長性は、指標の「率」の変化も重要ですが、利益の分析などでは「金額」の変化も重要です。例えば、「利益率」は向上しているが「利益額」は減っているといったことが起こった場合、その要因がどこにあるのかを突き止め、企業が本当に成長しているのかどうかを分析する必要があるからです。このように**「利益率」と「利益額」を併せて確認**します。なお、成長性の分析で使う情報は、既に有価証券報告書や、企業のホームページにあるIR情報などにまとまっている場合が多いので参考にするといいでしょう（詳細はP.127の「有価証券報告書の比較情報を利用する」を参照）。

成長性の分析で使う4つの指標

指標	内容
①ROE、ROAの成長性	ROE、ROAを複数年度にわたって比較して、その増加率から、企業の成長性や動向を見る指標
②売上高の増減率	対象月比や対象年度比、前年同月比などによる売上高の増減から、成長率を見る指標
③営業利益の増減率	「本業で獲得した利益」の増減から、企業の本来の営業活動の成長を見る指標
④経常利益の増減率	毎期継続的に発生する利益の増減から、事業の成長を見る指標

観点5　成長性の分析【基礎】

① ROE、ROAの成長性

どんなことを見る指標？

ROE、ROAの成長性とは、**事業年度別のROEとROAを複数年度にわたって比較して、その増減率から企業の成長性や動向を見る**指標です。分析するには次図のようにグラフ化したほうが比較しやすいので、簡単な数字でもグラフ化することをお勧めします。

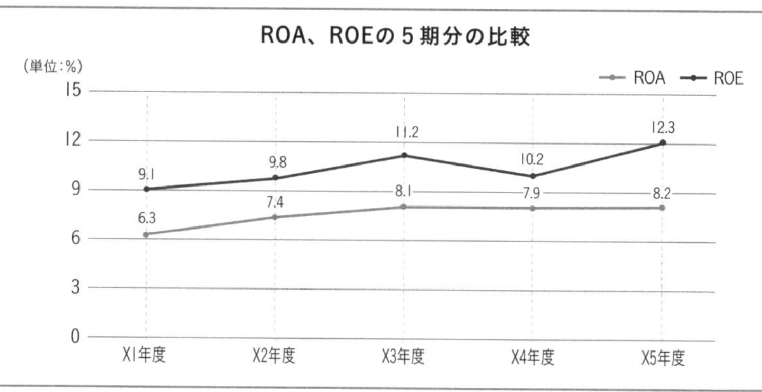

ROE、ROAの成長性のポイント

成長性を分析する上では、「利益が拡大している要因はどこにあるのか」「もし、前後の年度と比較して減少しているのならその要因は何か」「その傾向は臨時的なものか、継続的なものか」などを考察することがポイントです。**分析指標を構成する項目の増減を探る**ことで、どこでいくら決算数値に影響しているのかが判明し、経営分析が可能になります。

観点5　成長性の分析【基礎】

②売上高の増減率

どんなことを見る指標？

成長性という観点からもっとも重要なものは、売上高でしょう。その**売上高の増減率について、成長率をベースに見る**のがこの指標です。

売上高の増減率のポイント

1年のうちに繁閑があるような業種を分析する場合は、次表のように複数年分の数値を用意して伸び率を分析するとよいでしょう。

ある企業の「売上高成長率」の月次推移比較

$$\frac{(\text{対象月の売上高}-\text{比較月の売上高})}{\text{比較月の売上高}}\times 100$$

（単位:万円）

X3年度	4月	5月	6月	7月	8月	9月	10月	11月	12月	1月	2月	3月
売上高	1,150	1,221	1,355	1,567	1,453	1,283	1,349	1,489	1,667	1,751	1,630	1,614
成長率(±)	―	6.2%	11.0%	15.6%	-7.3%	-11.7%	5.1%	10.4%	12.0%	5.0%	-6.9%	-1.0%

※小数点第2位を四捨五入。以下、P.126まで同様。

ある企業の「売上高」の前年同月比較

●**前年同月差**：対象月の売上高－前年同月の売上高

●**前年同月比**：$\frac{(\text{対象月の売上高}-\text{前年同月の売上高})}{\text{前年同月の売上高}}\times 100$

（単位:万円）

X4年度	4月	5月	6月	7月	8月	9月	10月	11月	12月	1月	2月	3月
売上高	1,369	1,460	1,622	1,988	1,701	1,499	1,608	1,779	2,009	1,966	1,930	1,919
前年同月差(±)	219	239	267	421	248	216	259	290	342	215	300	305
前年同月比(±)	19.0%	19.6%	19.7%	26.9%	17.1%	16.8%	19.2%	19.5%	20.5%	12.3%	18.4%	18.9%

ある企業の「売上高成長率」の年度比較

$$\frac{\text{(対象年度の売上高−比較年度の売上高)}}{\text{比較年度の売上高}}\times 100$$

(単位:万円)

	X1年度	X2年度	X3年度	X4年度	X5年度
売上高	13,660	15,260	17,529	20,850	25,656
成長率(±)	―	11.7%	14.9%	18.9%	23.1%

コラム

キャッシュレス決済＜その２＞

コラム「キャッシュレス決済＜その１＞」(P.89)のつづき

業種や商慣習などによって、売掛債権回転率(詳細はP.113を参照)は変わってきますが、現金商売をしているような業態だと、売上がすぐに現金で入ってくるので資金回収が効率的だとされています。

ところが最近では、現金商売の業種でも売上高の計上と資金回収に若干のタイムラグが出ています。これは、国の施策や、クレジットカード会社等の販路拡大によって、中小や小規模事業者にもキャッシュレス決済の導入が進められているからです。今までキャッシュレス化が進まなかったのは、クレジットカード会社等からの入金に、締め日から15日〜1か月程度など日数がかかったことが原因でした。また、クレジットカード会社等へ支払う手数料も小さな企業にとっては大きな負担でした。

しかし、決済手数料の補てん(期間限定)や、入金サイトが決済後の翌日などに短縮されたこと、消費者還元などの国の施策によって、2019年からキャッシュレス利用者は急速に増加しています。

問題がないように見えるキャッシュレス決済ですが、売掛債権が増え回収までに時間が少しかかるので、多少ですが資金の効率性は下がることになります。

観点5　成長性の分析【基礎】

③営業利益の増減率

どんなことを見る指標？

営業利益の増減率からわかるのは、企業が**「本業で獲得した利益」**の増減です。営業利益が増加していれば、企業の本来の営業活動が成長しているといえます。また、営業利益率の増減の把握もその企業の成長を把握する上で重要な指標となります。

営業利益の増減率のポイント

前述のように、営業利益は毎期本業で継続的に発生する利益なので、本業の成長率をしっかり分析できることがポイントです。どんな企業であってもこの指標が継続的に増えていることが望ましく、**営業利益の増減率によって企業の成長性を判断する**といっても過言ではありません。

ある企業の「営業利益成長率」の年度比較

$$\frac{(\text{対象年度の営業利益} - \text{比較年度の営業利益})}{\text{比較年度の営業利益}} \times 100$$

(単位:万円)

	X1年度	X2年度	X3年度	X4年度	X5年度
営業利益	1,639	1,829	2,150	2,316	2,899
成長率(±)	―	11.6%	17.6%	7.7%	25.2%

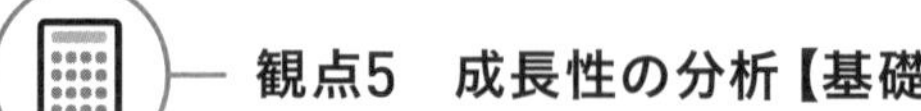

④経常利益の増減率

どんなことを見る指標？

本業で獲得した営業利益に、営業外収益と営業外費用を加減算した金額が経常利益になり、その増減率に着目したのがこの指標です。前節の営業利益と同じく、経常利益の金額と経常利益率は継続的に発生する収益費用項目を含んだもので、経常利益は本業以外の収益費用も含みます。つまり、**本業以外も含めて継続的に発生している利益の成長性がわかる**指標です。

こちらも企業の成長性を見る上で、重要な指標となってきます。

経常利益の増減率のポイント

本業の成長性の伸び率は営業利益の増減率で確認できますが、経常利益では本業以外の収益などが多い場合、その**本業以外の成長率も確認できるところがポイント**になります。

ある企業の「経常利益成長率」の年度比較

$$\frac{(\text{対象年度の経常利益}-\text{比較年度の経常利益})}{\text{比較年度の経常利益}}\times 100$$

（単位:万円）

	X1年度	X2年度	X3年度	X4年度	X5年度
経常利益	1,533	1,520	1,666	1,852	2,300
成長率(±)	―	-0.8%	9.6%	11.2%	24.2%

観点5　成長性の分析【実践】

イオン（単体）の成長性の分析

有価証券報告書の比較情報を利用する

観点１～４は３ステップに分けて分析を行ってきましたが、成長性の分析で使用するデータは、公開企業であれば有価証券報告書や企業のIR情報に簡易的な比較表が掲載されているのでこれらを利用すればいいでしょう。

情報は、有価証券報告書であれば「第１企業の概況」辺りに掲載されていることがほとんどです。

また、連結前の企業単体を調べるときは、今回の分析で使用するイオン単体のように、多くの場合で「第１企業の概況」の中に「提出会社の経営指標等」などと記載されている項目が単体の情報になるので探してみてください。

P/L面からの成長性を分析

P/L面からの成長性とは、事業年度別に、売上高、コスト、利益を順に並列させて、その増加額や増加率を算出し、**P/L全体から企業の成長性や動向を分析する手法**です。

次ページの表は、P/L項目のうち売上高（に相当する営業収益）と、利益を経年で比較したイオン単体（グループ会社との連結前）の比較表です。

分析してみると、2016年２月期の営業収益、経常利益、当期純利益をピークに年々営業収益が減少し、利益の伸びもありません。特に、2017年２月期の営業収益の減少が気になります。

そこで、イオン単体のP/Lを確認すると、営業収益は関係会社からの配当金や手数料などがほとんどであり、連結の売上高は増加しているので、これは**グループ間の資金の流れが変更したことによる影響**と分析できます。

イオン単体の「売上高と利益」の経年比較表

回次	第90期	第91期	第92期	第93期	第94期
決算年月	2015年2月	2016年2月	2017年2月	2018年2月	2019年2月
営業収益 (百万円)	81,209	102,372	62,636	58,766	56,424
経常利益 (百万円)	57,812	73,531	25,402	18,701	17,643
当期純利益 (百万円)	26,466	54,579	12,014	16,941	17,668

※イオンの有価証券報告書の「提出会社の経営指標等」を抜粋(2019年2月期)。以下、P.129まで同様。

B/S面からの成長性の分析

B/S面からの成長性とは、事業年度別の**総資産などを複数年度にわたって比較**して、その増加率を算出し、企業の成長性や動向を分析する手法です。

同じく、イオン単体の総資産額(詳細は次表を参照)を見ると、2016年2月期は前年度に比べて約1,200億円も総資産が増加していることがわかります。「売上高が増えて、現金や売掛金が増加したのか？」それとも「大規模な投資をしたことで固定資産が増加しているのか？」などいろいろなことが推測できます。イオン単体のB/Sを見てみると、実際は固定資産が特別に増加しているわけではなく、流動資産項目の関係会社短期貸付金が約1,230億円増加していることがわかりました。

このように一見すると大きなビジネスの変化があるように思える推移であっても、**実態の多くはグループ会社間での取引による影響**が反映されているだけというのが1社単体(持株会社)の決算書の特徴であることを留意してください。

イオン単体の「総資産額」の経年比較表

回次	第90期	第91期	第92期	第93期	第94期
決算年月	2015年2月	2016年2月	2017年2月	2018年2月	2019年2月
総資産額 (百万円)	1,297,004	1,417,158	1,446,725	1,509,365	1,468,864

純資産の成長性を分析

純資産とは、資産と負債の差額で企業のストックを意味します。純資産の増減は、**企業の安定的な成長性を分析するのに有用**です。また、毎年蓄積されている利益が反映されているので、企業体力の成長率も確認することができます。

イオン単体の純資産の推移(詳細は次表を参照)を見ると、大きな変更がないことがわかります。経営状況や財政状態は**連結グループ全体で最適化させることが重要**で、イオン単体で利益を増大させる必要がないので大きな変更が生じていないのでしょう。

対外的には**連結グループでの純資産の推移を見ることで、その企業グループの成長性をうかがうことができます。**

イオン単体の「純資産額」の経年比較表

回次	第90期	第91期	第92期	第93期	第94期
決算年月	2015年2月	2016年2月	2017年2月	2018年2月	2019年2月
純資産額 (百万円)	664,292	688,139	688,217	707,628	670,871
1株当たり純資産額 (円)	794.27	821.49	820.56	842.38	796.52

イオン(単体)の成長性の分析まとめ

イオン単体の決算書から成長性を見ると、想定していた内容より、グループ企業を運営していく上での経営内容が決算書に大きな影響を与えていることがわかりました。そのため利益などは大きな増加がなく、営業収益や総資産で大きな変動があっても、企業の本来の成長性をその変動から見極めるのは難しいかと思います。

単体会社が事業会社でなく持株会社などの場合は、今回のようにグループ間の取引の影響が大きく表れるので、企業の成長性を分析する場合はその企業の実態を正しく把握し、必要に応じて連結グループ全体でも分析することが重要です。

第3章

ビジネスを成長させる「会計思考」活用術

おさらい「会計思考力」とは？

ここからはいよいよ最終章になります。その前に「本書を読む前に」(P.8)でも紹介しましたが、おさらいの意味でもう一度「会計思考力」について振り返っておきたいと思います。

筆者が考える会計思考力とは、「会計をベースにビジネスで発生する問題を分析し課題を特定して、実践に活用する力」であり、それを身につけるフローは次の通りです。

会計思考力を身につける実践フロー

●（第１章の内容）会計の目的を理解できるようになる

会計には、簿記という手段でP/LやB/Sを作成し、利害関係者に企業の財政状態や経営成績を報告することと、企業内部が事業計画を立てることで業績管理を行うという２つの目的があります。

●（第２章の内容）決算書を読み取り、分析できるようになる

決算書は５つの観点から分析することができます。そのため本書や経営分析の専門書で分析手法にどのようなものがあるかを把握し、必要な時にその情報を引き出せるようにしておきます。

●（第３章の内容）決算分析をビジネスに活用できるようになる

分析結果をビジネスに活用し事業を成長させるためには、単に決算書の分析を行うだけではなく、事業の目標数値の設定、進捗管理、改善活動というPDCAサイクルが必要となってきます。たとえ小さな事業規模だったとしても、このPDCAサイクルの繰り返しが、「会計思考力」を強化するための近道です。

理論編

会計思考を活用したPDCAサイクル

組織単位でも活用できる手法

本章の目指すゴールは、「決算分析をビジネスに活用できるようになること」です。まずは、「理論編」で知識をインプットして、その後の「実践編」で企業事例を用いてアウトプットを行い知識を定着させます。なお、ここでは企業全体の話として解説していますが、**組織単位でも十分に活用できる手法**です。**「企業」を「組織」と読み替えてご自身の仕事で実践**してみてください。

また、さらにもう一歩先へ進みたいという方のために、最後にファイナンスに関する解説ページも設けていますのでご興味のある方はご覧ください。

ビジネスに活用にするには

決算書の分析方法や分析指標の多くは第2章で見てきました。しかし、分析は単なる現状把握です。分析結果を活用するには自社の経営指標や分析指標を基にKGI(Key Goal Indicator／重要目標達成指標）とKPI(Key Performance Indicator／重要業績評価指標)を設定し、マネジメントできる状態を作ることが必要になってきます。まずは自社に適した分析指標を見極めることからスタートします。自社にマッチしない指標を設定して達成したところで、ありたい姿や成長につながらないのでは意味がありません。KGIとKPIの詳細はP.136から詳しく解説していきます。

設定する指標のポイントは、**全員が共通して理解することができ、行動できる**ことです。難しい指標に関するマネジメントは専門部署に任せ、**できるだけシンプルでわかりやすいもの**にしましょう。

ビジネスを成長させる好循環サイクル

分析結果をビジネスに活用し組織を成長させるためには、目標数値の設定、進捗管理、改善活動というPDCAサイクルが欠かせません。そして、PDCAサイクルの結果が決算書に反映され、その決算書をさらに分析することによって新たなPDCAサイクルが回り、組織が成長していくという好循環サイクルが生まれるのです。

事業が成長するためのPDCAサイクル

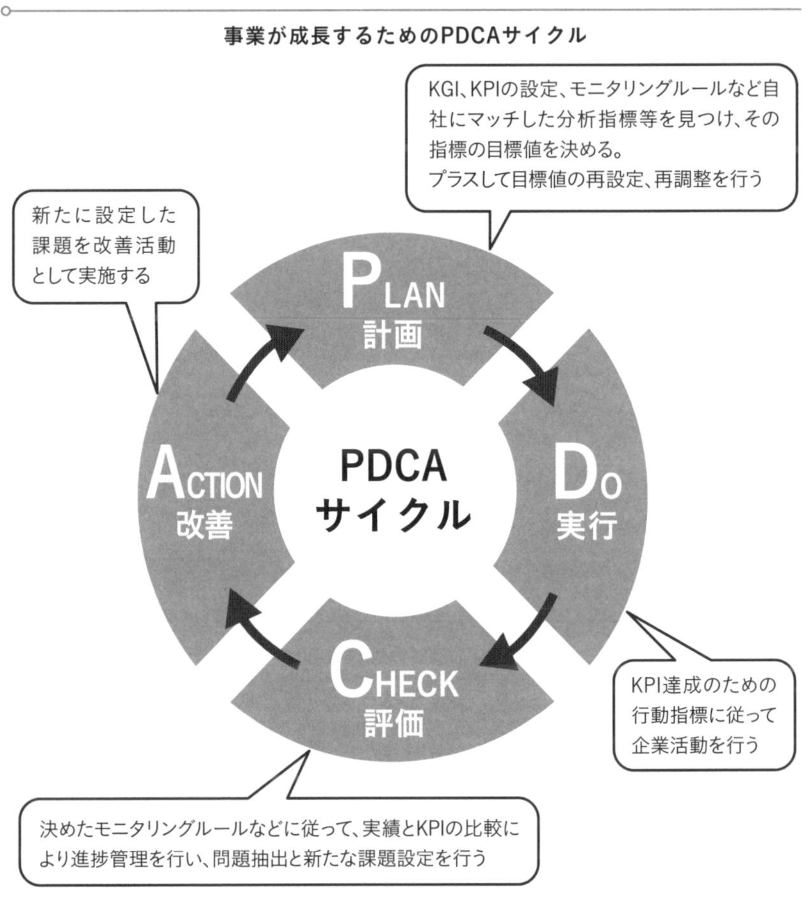
KGI、KPIの設定、モニタリングルールなど自社にマッチした分析指標等を見つけ、その指標の目標値を決める。
プラスして目標値の再設定、再調整を行う
新たに設定した課題を改善活動として実施する
PLAN
計画
ACTION
改善
PDCA
サイクル
DO
実行
CHECK
評価
KPI達成のための行動指標に従って企業活動を行う
決めたモニタリングルールなどに従って、実績とKPIの比較により進捗管理を行い、問題抽出と新たな課題設定を行う

KGI、KPI、KFSとは何か

指標設定のポイント

ここではKGIやKPIといった指標について見ていきますが、指標の数値を設定する際のポイントは、関係者全員が容易に理解でき行動しやすいことです。直接**第2章の指標でなくても、その指標が問題を改善する内容であれば簡単なもので問題ありません。**

例えば、売上高や販売数量、原価率、利益額、利益率など単純に設定できて、影響がわかりやすく、組織に浸透しやすい指標がお勧めです。

指標は一定の期間の目標として設定し、できるだけタイムリーに計画と実績をモニタリングして、改善策の立案と実行、再計画を繰り返していくことが重要です。

KGIとは「主となる最終目標達成の指標」

KGIとは「Key Goal Indicator」の略で、一般的に「重要目標達成指標」と訳されます。単語ごとに日本語訳を見てみると次のようになります。

【Key】: 主となる、鍵となる
【Goal】: 最終目標の達成
【Indicator】: 指標、目印

本書では、KPIとの役割をわかりやすく区別するために「**主となる最終目標達成の指標**」と設定します

KGIを達成するためには？

KGIは、一定期間ごとに設けたほうが継続的に成長できます。例えば、まずは中長期で５年後のKGIを設定し、そのあと事業年度の末日時点や半期、四半期の末日時点ごとにKGIを設けて、５年後のKGI達成のマイルストーン（経過点や中間目標点）とします。そしてその設定期間ごとにモニタリングを行って、最終的に５年後のKGIを達成する、という流れを作るのです。

KPIとは「主とする行動指標」

KPIとは、「Key Performance Indicator」の略で、一般的に「重要業績評価指標」と訳されます。単語ごとに日本語訳を見てみると次のようになります。

【Key】：主となる、鍵となる
【Performance】：業績、行動、実行
【Indicator】：指標、目印

本書ではKPIをKGI達成のための「**主とする行動指標**」と設定します

KFSとは「KGI達成のための特に重要な事業プロセスの要因」

KFSは「Key Factor for Success」の略で、一般的に「成功の重要な要因」と訳されます。KPIの定性的なものをイメージしてもらえれば結構です。

【Key】：主となる、鍵となる
【Factor for】：〜の要因
【Success】：成功

本書ではKFSをKGI達成のための「**特に重要な事業プロセスの要因**」と設定します

KGI、KPI、KFSの関係性

問題解決の思考法と似ている

問題や課題解決の解説に次の図に類似したものが用いられることがありますが、KGI、KPI、KFSの関係性は問題解決の方法と同じように考えることができます。まずは現時点での状況を把握する「現状」がスタートで、もっとも重要な**最終目標を数値化したものが「KGI」**です。「現状」と「KGI」の間にギャップが生じているから問題になるわけで、その**ギャップの解決のプロセスが「KFS」**となります。**「KPI」は、「KFS」を数値化した行動指標**という位置づけです。

KGI、KPI、KFSの関係性

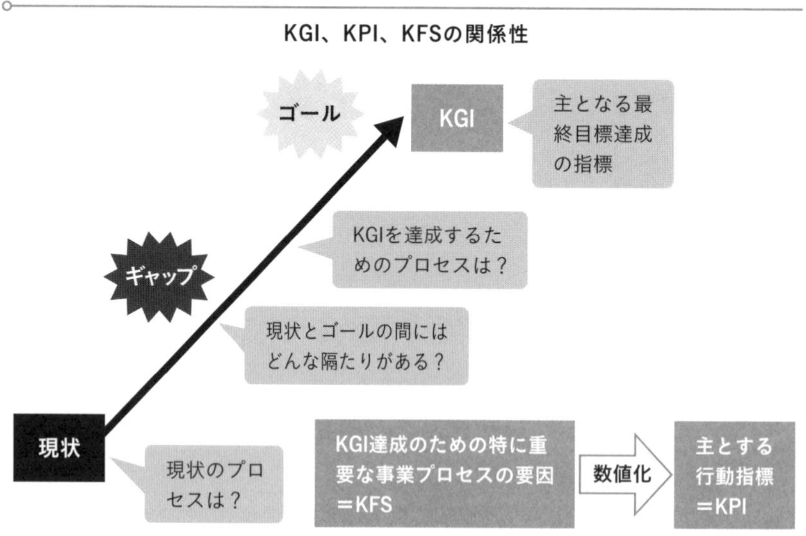

KPIマネジメント

KPIマネジメントとは何か?

「現状」と「KGI」にギャップがあり、そのギャップを解消するためのプロセスが「KFS」であり、「KFS」を数値化したものが「KPI」になると前述しました。「KPIマネジメント」とは、このような**「KPI」を設定する一連の過程から「KPI」を達成するまでの管理**を指します。

主なアクションには、「KPIの設定値の妥当性を検証する」「KPIを現場まで浸透させる」「KPIの進捗状況を管理する」、そして「KPI達成のための改善を促す」ことがあります。

スタートは現状把握から

課題を設定する際に次の❶〜❸のような手順を踏むことが一般的ですが、KPIマネジメントも同様の手順でスタートします。

❶今どのような「現状」かを把握する

❷いつまでに、どのようになっていたいかという「ありたい姿」を描く

❸「現状」から「ありたい姿」になるために必要なことは何かを検討する

企業の現状把握をしたあとは、将来の特定の時点においてありたい姿を考えます。例えば、20年後にはどうなっていたいか、10年後には？　5年後には？　と期間をより短くブレークダウンしていき、**最終的には会計年度の区切り**に合わせて、単年度→半期→四半期ごとにありたい姿を設定していきます。**ありたい姿の構築とやるべきことを整理**することが重要です。

KPIマネジメントのフロー

KGIはありたい姿を数値化したもの

ありたい姿が見えたら、次はそれを具体的な数字に落とし込むKGIの設定です。KGIの設定準備で大事なのは、**現状を知りゴールとなるありたい姿を描き切っていること**です。ゴールが定まっていないと何をしていけばよいのか迷子になってしまいます。

そして、KGIと現状とのギャップをあぶり出しします。このギャップは複数出てくる可能性が高いので、できるだけ網羅的にギャップを抽出するように努力しましょう。

抽出されたギャップを構造化してそのプロセスを分析し、課題(KFS)を抽出する流れになります。

KPIは絞り込むのがポイント

プロセスの分析により課題(KFS)が抽出できたら、その**課題を数値化しKPIとしてピックアップ**します。その際に**ピックアップは1つ**としてください。複数のKPIがあると労力も分散され、何を重要視すべきか優先度もかかわるメンバーによって差が生じ、その結果達成度合いが下がるケースがほとんどです。

現場への伝達や落とし込みは、ありたい姿とKGIを伝えた上で、KPIを達成するための行動を具体的に指示し、組織の目標を設定することがポイントになってきます。あとは、KPIを達成するための施策を実践しモニタリングを行うことで、PDCAサイクルが回り出し、好循環が生まれていくという流れです。

KPIマネジメントのフロー

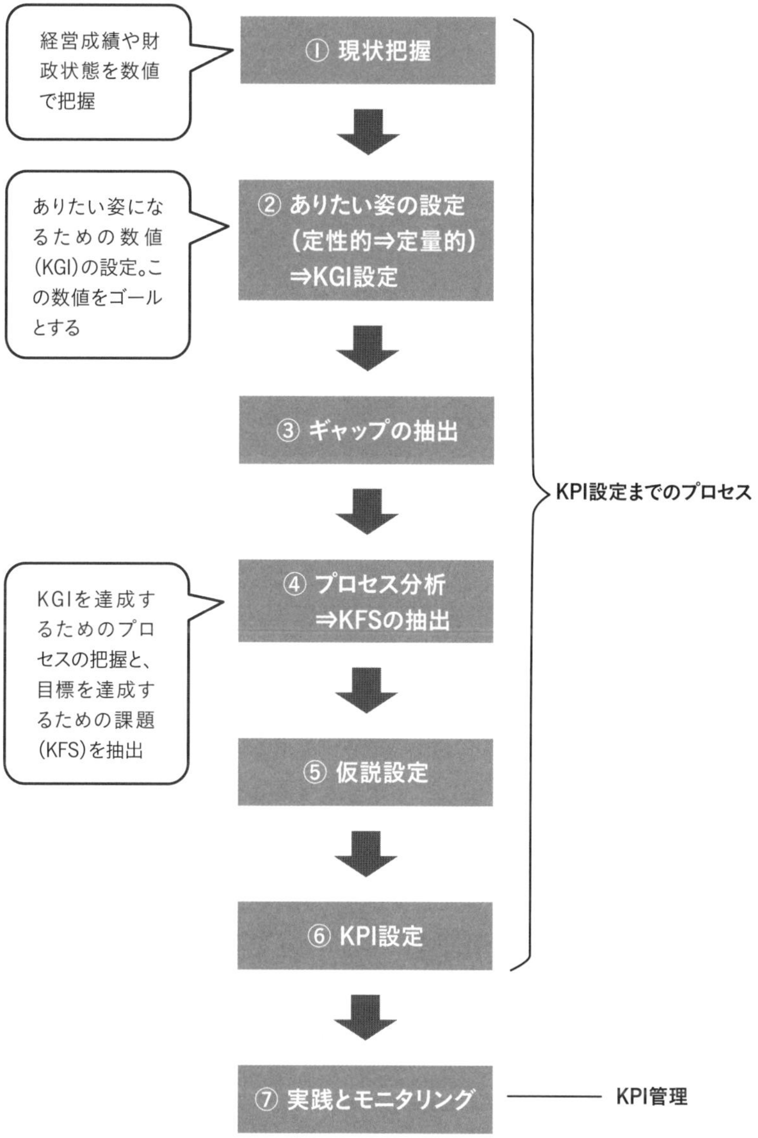

① 現状把握

経営成績や財政状態を数値で把握

② ありたい姿の設定
(定性的⇒定量的)
⇒KGI設定

ありたい姿になるための数値(KGI)の設定。この数値をゴールとする

③ ギャップの抽出

④ プロセス分析
⇒KFSの抽出

KGIを達成するためのプロセスの把握と、目標を達成するための課題(KFS)を抽出

⑤ 仮説設定

⑥ KPI設定

(①〜⑥) KPI設定までのプロセス

⑦ 実践とモニタリング ―― KPI管理

※⑦のKPI管理までをKPIマネジメントといいます。

決算分析をビジネスに活用 | 06

KPI マネジメント＜練習＞

サンプルを基にKPIを設定してみる

KPI設定の詳しい解説の前に、サンプルを使って売上高10億円のKGIを達成したい場合に目標数値となるKPIを立ててみましょう。まずは、練習なので、シンプルで簡易的なフローで見ていきます。

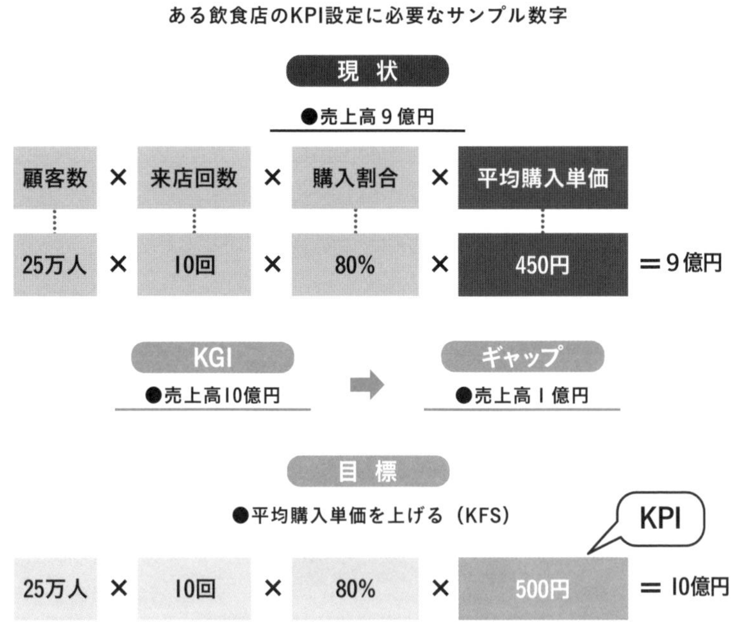

現状とKGIのギャップ

KGIを売上高10億円としました。これを達成するために現状の売上高9億円とのギャップが1億円あります。

この1億円の差を埋めるために、売上高を構造化し、どこが問題となっているのか、どこに力を入れればKGIの10億円を達成できるのかを考えます。

KPIの設定

競合他社や経年分析によって現状改善できるポイントを仮説とし、KPIを設定します。

前ページのサンプルでは、顧客数や来店回数、購入割合でなく、平均購入単価にスコープを絞って10億円の目標を達成しようという設定です。

取り組みとしては、単純に単価を上げるというのも一つの方法ですが、もう1品購入してもらえるような販売施策を検討してもいいでしょう。

数値化されていない目標を挙げられてもスタッフは進捗状況もわからないし、達成感ももてません。そのため具体的かつシンプルでわかりやすいKPI(目標数値)が何より大事になります。

実践とモニタリング

実践では、KPIを達成しているのか、していないのか、その差はどれくらいなのかをスタッフを含めた関係者全員で共有して取り組むことが必要です。

単にKPIを設定して共有するだけでなく、しっかりと**KPIと実績のモニタリング、次回の目標設定などの進捗管理**をしていく必要があります。この**進捗管理までをKPIマネジメント**といいます。

***

簡単なサンプルを基にKPIマネジメントの一連の流れを見てきましたが、次からは各プロセスについて、詳しく解説していきます。

①現状把握

経営成績、財政状態の全体像を調べる

KPI設定までのフローは、①現状把握、②ありたい姿の設定（→KGI設定）、③ギャップの抽出、④プロセス分析（→KFS抽出）、⑤仮説設定、⑥KPI設定の手順です。設定のあとにKPI管理として、⑦実践とモニタリングというプロセスがあります。

ここからはこの手順に沿って、詳しく解説していきます。まず、自社や自分の部署の現状を把握します。**組織の定量的な現状を把握するためには、「決算書を読み解く」ことが必要**です。会社の数字になじみのない人は本書の第1章、第2章を参考に「決算書を読める」ようになってください。ただし、上場企業の決算書であれば、企業のホームページのIR情報や有価証券報告書などで確認することが可能ですが、非上場企業だと公表されている情報が少ないので、必要な決算情報の取得が難しい場合があるかもしれません。

公の手段で入手できない場合は、所属している部署の組織長に相談して情報を入手しましょう。組織長は部下から相談があったら、自社組織を良くしようという思いからのお願いなので、把握している情報を許される範囲で伝えるようにしましょう。

どうしても「実績」の情報入手が難しい場合は、組織の「数値目標（ゴール）」を代用します。組織長は、会社が掲げる目標から自組織にブレークダウンされた数値目標を伝えてあげましょう。第2章で紹介したように、**入手した決算書情報を基に簡易B/S、P/Lを作成**するなどして、**企業の経営成績、財政状態の全体像を把握**します。その際、**経営分析も網羅的に行っておく**とより課題が見えてきます。

KPI設定までのプロセス | 02

②ありたい姿の設定 ③ギャップの抽出

ありたい姿を考えKGIを設定する

現状把握ができたら、ありたい姿を考えます。企業によってはスローガンのような形で、すでにありたい姿が明確化されているかもしれません。もし、そのようなものがないという場合は、会社としてどのような状態になりたいのか、望ましい状態とはどのようなものなのかを考えてみましょう。

そのありたい姿の方向性が会社の方向性とずれていないか、的を射ているかは、組織長とのすり合わせで確認する必要があります。

内容が定まったら、その**ありたい姿を売上や利益などの数値に変換**していきます。例えば、現状が9億円の売上高で業界シェア7位という場合、ありたい姿は「業界シェア5位以内になり、より多くの顧客に自社商品を利用してもらうこと」とします。

業界シェア5位以内に入るためには「売上高10億円を達成する」など具体的な数値目標を用意します。この数値目標がKGIとなるのです。

現状とのギャップを抽出する

KGI設定によってありたい姿が数値化できたら、**把握した現状とのギャップを確認**します。

「現状とありたい姿との数値の差はどれくらいあるのか？」などを手掛かりに**ギャップの構造をしっかり把握して、ギャップを埋めるためにできることをたくさん考えます。**これが次のプロセス分析の基になります。

④プロセス分析

KGIを構造化するのがプロセス分析

プロセスを分析するというのは、**KGIを構成する要素を正しく把握することから始まります**。KGIを構成する要素を把握しておかないと改善ポイントも見つからないので、面倒でもこの工程は省略せずに行ってください。

例えば、店舗型小売業が「売上高10億円」というKGIを設定した場合、売上高を構成する要素は、次図のように「購入者数×平均購入単価」になります。さらに購入者数を分解すると、「来客者数×購入割合」になります。同様に来客者数は「顧客数×来店回数」に分解することができます。

したがって、店舗型小売業における売上高のプロセスは、**「顧客数×来店回数×購入割合×平均購入単価」**ということがわかります。

つまり、数値化されたKGIをそれぞれの**ビジネスモデルに応じて構成する要素に分解し、構造化**する作業がプロセス分析ということです。

プロセス分析によって、目標数値を構造化する

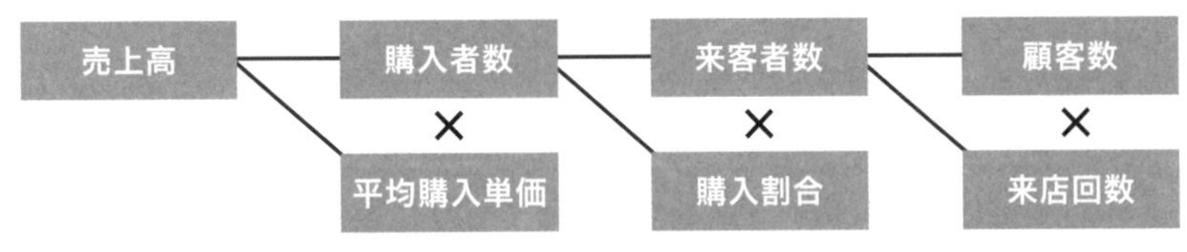

KPI設定までのプロセス | 04

⑤仮説設定 ⑥ KPI 設定 ⑦実践とモニタリング

仮説設定とはKPIを1つに絞り込むこと

プロセス分析の次は、仮説設定の作業になります。仮説設定の大事なポイントは、KGIを構造化した中から問題を解決するための数値を1つ決めることです。この数値がKPIとなります。複数ある場合でも**改善したときに一番結果が出ると考えられるKPIを1つに絞り込むことで効果がより発揮されるのです**。また、実現性があるKPIを選ぶことも重要です。

KGI達成に必要な売上高に到達するために、改善すべき数値はどこか？

顧客数	×	来店回数	×	購入割合	×	平均購入単価
?		?		?		?

実践とモニタリングでKPIを管理する

KPIの達成に必要なのが、ビジネスの現場で多用されているPDCAサイクルです。KPIをシンプルな数値にしているので、管理自体も比較的簡単です。KPIの設定(P)、プロセスの実践(D)、モニタリング(C)、改善(A)を行います。改善には、「KPIと実績の比較」「差異発生要因の分析」「今後の具体的なアクションの設定」などがあり、KPIが達成されればそのまま継続し、KPIが未達であれば未達要因を分析し、再度計画を検討するプロセスが必要になります。

コラム

全員参加型「アメーバ経営」

「アメーバ経営」は、比較的多くの方がご存じかもしれません。

京セラや、第二電電株式会社(現KDDI)、JALの経営者として有名な稲盛和夫氏の経営哲学に基づいた経営管理の方法です。

企業内の小集団を1つのアメーバとし、それを部門ごとに設定します。部門別の採算制度を徹底することによって、「売上最大、経費最小」という効率の良い利益の創出を実現するのです。

部門ごとにいくつもの小集団を作ることで、経営意識の高いリーダーを育成し、「全員参加型」の経営を可能にする管理会計の手法の一つです。

経営者から現場スタッフまでの全員が、経営にかかわる共通の数字を基にベクトルを合わせて企業活動を実践するという、いわば理想的なマネジメントといっても過言ではないでしょう。

アメーバ経営の大きな特徴に、次の4つの項目が挙げられます。

①経営数字の言語化と共有
②組織マネジメント力の向上
③業績達成の確度向上
④意思決定スピードの向上

類似した経営管理手法には、リクルートが実践する「ユニット経営」やパナソニック等が採用している「カンパニー制」なども有名で、実際に成果を上げています。

企業が導入して簡単に切り替えができるようなハードルが低い方法ではありませんが、業績向上のためには検討してもいい手段の一つではないかと思います。

実践編

①現状把握

KPIマネジメントの手順

ここからの実践編では事例を基にして、KGIを達成させるためのKPI設定までのプロセスと、設定後のKPI管理について紹介します。方法は理論編で解説した内容と同じですが、おさらいのためにKPIマネジメントのフロー図を以下に再掲載します。

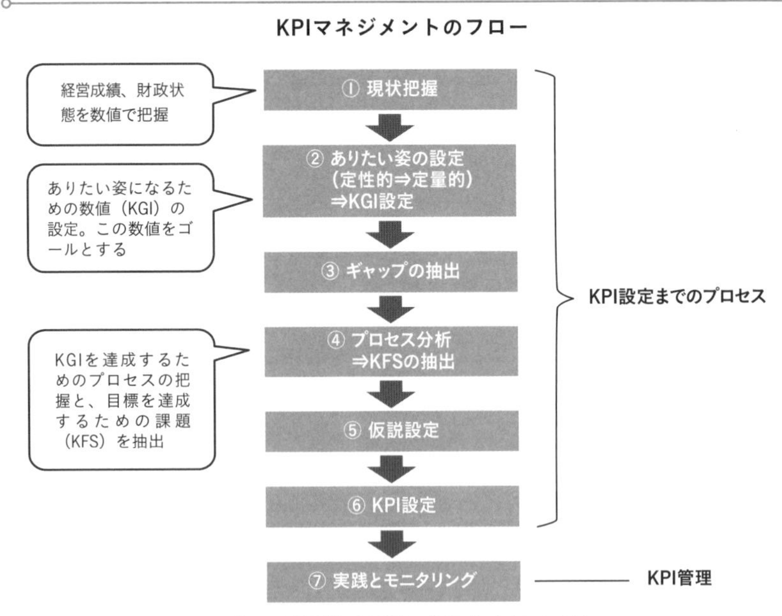
KPIマネジメントのフロー
経営成績、財政状態を数値で把握
① 現状把握
ありたい姿になるための数値（KGI）の設定。この数値をゴールとする
② ありたい姿の設定（定性的⇒定量的）⇒KGI設定
③ ギャップの抽出
KGIを達成するためのプロセスの把握と、目標を達成するための課題（KFS）を抽出
④ プロセス分析 ⇒KFSの抽出
⑤ 仮説設定
⑥ KPI設定
KPI設定までのプロセス
⑦ 実践とモニタリング
KPI管理
※⑦のKPI管理までをKPIマネジメントといいます。

簡易P/Lを作成し、現状を知る

まず見ていくのは、個人事業や小規模事業クラスの飲食店の事例です。

会社や個人事業で飲食店を経営している場合、決算書（青色申告決算書、収支内訳書）などを手元に用意しましょう。このときに選ぶ**決算書は前期（前年）の最終結果が記載されているもの**にします。

決算書をより細分化してある**「試算表」があればなお良い**ですし、前年よりも経営状況が変化してきているなら、直近の月次ベースでの試算表があると正しい現状把握ができます。

さて、手元に用意した決算書では、

- 売上高は、年間いくらでしたか？
- 売上原価は、年間いくらでしたか？
- 売上原価率は、何パーセントでしたか？
- 人件費の額や人件費のパーセンテージは？
- 家賃や広告費の負担額はどれくらいでしたか？

上記のような**売上高や飲食店でかかる主なコストは、経営者としては常に頭に入れておきたい数字**です。これらの情報をまとめて整理する上でも次のような簡易P/Lを作成してみましょう。

現状の簡易P/L

売上高	100,000,000円	
売上原価	30,000,000円	（売上原価率30%）
売上総利益	70,000,000円	（売上総利益率70%）
人件費	25,000,000円	（人件費比率25%）
家賃	15,000,000円	
広告費	5,000,000円	
その他の経費	15,000,000円	
営業利益	10,000,000円	

②ありたい姿の設定

イメージ像を数字に落とし込む

現状把握ができたら次は、ありたい姿を設定します。まずは、数字に落とし込む前の定性的な内容でいいので、自社がどのような状態になっているかを考えます。そのあと、企業にどれだけ利益を残したいのかなど定量的な目標値を設定します。

次図のように、**最初に定性的なありたい姿をイメージして、そのあと具体的な数字に落とし込むのがポイント**です。

ありたい姿の検討フロー（例）

① 定性的なありたい姿

将来どのような状態になっていたいか？

② 定量的なありたい姿

- その状態は定量化したときにどのような数値か？
- 短期的な目標として、今年いくらの利益を出したいか？
- そのための経費、売上はいくら必要か？

③ KGI設定

逆算して、利益から売上高を試算する

ありたい売上の金額は設定できましたか？　P/Lの構造が理解できていると逆算の考え方によって、目標とする利益から獲得しなければならない売上高を計算することができるようになります。

しかし、どれくらいの金額を設定してよいかわからないという場合、**競合他社の数字**（自社より少し大きい規模で業績が好調といわれている企業など）が入手できるなら、それらを参考にしましょう。

また、**中小企業庁のホームページでも中小企業実態基本調査などが開示**されていて、そこで発表されている平均値などを活用することもできます。

そのほか、シンプルに「売上高に対する利益率を10％維持し、毎年1％以上成長させる」という設定でもよいでしょう。「5年後にあの場所に5店舗目を出す。そのためにいくら必要なのか？」などと検討してもリアリティーが出るのでお勧めです。

FL比率は売上高の50％～60％が目安

ここでは、営業利益の実績が1,000万円と仮定して、10％アップさせるために年額1,100万円の営業利益を計上することを目標に考えてみます。

ここから逆算して、各売上やコスト項目のありたい姿を描いてみると効率的です。

前提として、家賃、広告費、その他の経費は固定額発生するものと想定し、売上原価率、人件費率は同率として、ありたい姿を設定します。

ちなみに飲食店の場合、売上原価（食材費）と人件費を総称してFLコスト（F＝Food《食材費》、L＝Labor《人件費》）といい、その比率をFL比率といいます。

FL比率は売上高の50％～60％が目安となります。

今回の前提では売上原価率30％、人件費比率25％なので、FL比率は55％になり、FLコスト控除後の利益率は45％になります。

③ギャップの抽出

ありたい姿の簡易P/Lを作る

前ページで1,000万円の営業利益を1,100万円にするという目標を立てました。この1,100万円に固定費である家賃、広告費、その他の経費を加算して、売上原価、人件費控除後の利益額を算出します。算出された4,600万円の利益にFL比率で割り戻して売上高を算出すると次のようになります。

● **売上原価、人件費控除後の利益額**

11,000,000円（目標営業利益）
＋15,000,000円（家賃）
＋5,000,000円（広告費）
＋15,000,000円（その他の経費）
＝46,000,000円（売上原価、人件費控除後利益）

● **売上高**

46,000,000円÷（1－55％《FL比率》）
＝102,222,222円（ありたい姿に必要な売上高）

ここまで算出された数字を簡易P/Lに落とし込むと次のようになります。

ありたい姿の簡易P/L

売上高	102,222,222円	
売上原価	30,666,667円	(売上原価率30%)
売上総利益	71,555,555円	(売上総利益率70%)
人件費	25,555,555円	(人件費比率25%)
家賃	15,000,000円	
広告費	5,000,000円	
その他の経費	15,000,000円	
営業利益	11,000,000円	

現状とありたい姿のギャップを比較

店舗のキャパシティーや回転数を考慮した設計である前提で話を進めていきます。現状のP/Lと翌年と仮定したありたい姿のP/Lを比較して、次のようにギャップを抽出しましょう。

比較したP/L

	現状	ありたい姿	ギャップ
売上高	100,000,000円	102,222,222円	-2,222,222円
売上原価	30,000,000円	30,666,667円	-666,667円
売上総利益	70,000,000円	71,555,555円	-1,555,555円
人件費	25,000,000円	25,555,555円	-555,555円
家賃	15,000,000円	15,000,000円	0円
広告費	5,000,000円	5,000,000円	0円
その他の経費	15,000,000円	15,000,000円	0円
営業利益	10,000,000円	11,000,000円	-1,000,000円

P/Lを比較したことで、どの項目にどれくらいギャップがあるのかが明確になりました。売上原価率、人件費比率は同率としているので、売上高が増減すれば、売上原価と人件費の金額も増減します。そのため、ここでは営業利益100万円のギャップと売上高約222万円のギャップに注目すると、100万円利益を増やすためには、約222万円の売上高が必要ということが明らかになりました。

④プロセス分析

簡易P/Lの構成要素を分析

続いて、簡易P/Lを構成している要素の分析をしましょう。

営業利益を構成する要素を構造的に分解すると次ページのようなロジックツリーになります。営業利益は、売上高から仕入原価などの売上原価、人件費、諸経費を控除した金額から構成されます。

売上高を分解

売上高は、**「平均客単価×のべ来客数」**で構成されます。

飲食店を経営されている方は把握している数字だと思いますが、現状把握の部分（詳細はP.151を参照）で確認した前期の売上高を構成する平均客単価がいくらなのか、のべ来客数は何人だったのかは集計しておきましょう。

売上原価を分解

売上原価は、基本的には**「平均仕入単価×消費数量」**で構成されます。

売上原価はその仕入れ材料の種類によって大きく変わるはずです。改善ポイントを明確にするために、食材、飲料、酒類など区分して原価率を算出してもよいでしょう。

人件費を分解

人件費は、固定給の社員であれば**「月給×人数」**、アルバイトであれば**「時給×勤務時間」**で構成されます。

固定給の社員も残業代の計算などがあることから、月給を時給に換算して構造化したほうがわかりやすいです。

諸経費を分解

諸経費については、固定的なものや変動性のあるものそれぞれですが、年間の総支出金額が多いものからピックアップしておくとよいです。基本的には**「単価×数量」**で成り立つはずです。

営業利益構成要素（収益構造）のロジックツリー

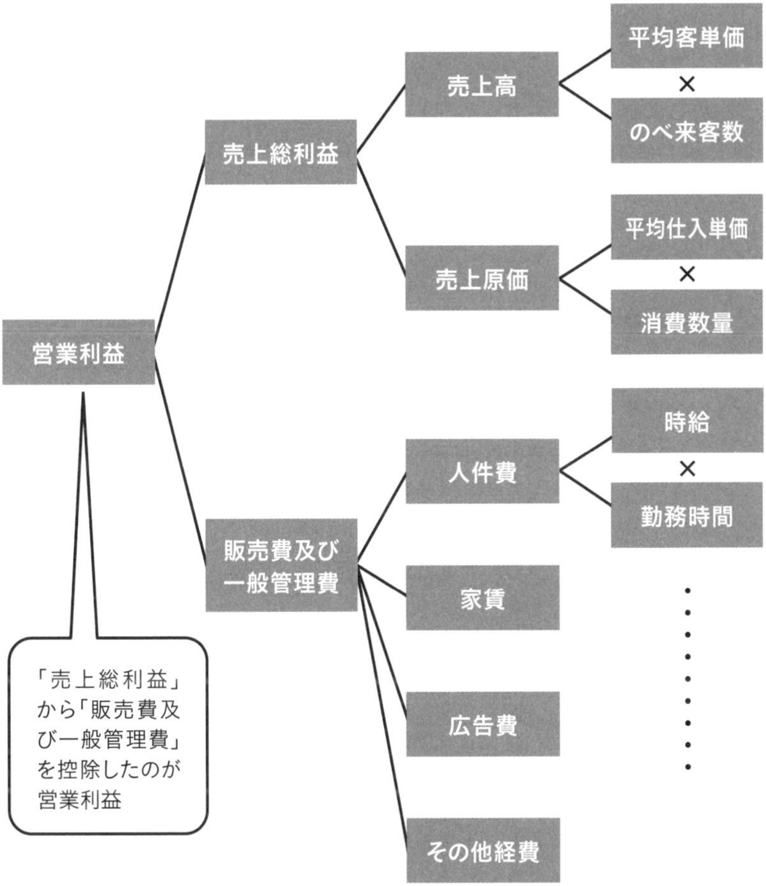

⑤仮説設定

売上高の改善はコスト削減より効果アリ

今回の事例では飲食店を挙げていますが、簡易P/Lを見て**コストが同業他社と比較して同水準であればコストに大きな問題はないと考える**ことができます。もちろん問題がなくてもさらにコスト削減で利益を増加させることも可能ですが、大きな改善結果を生むことは難しいでしょう。ここではわかりやすく、大きな効果が見込める売上高の改善方法を紹介します。

仮説の立て方

売上高は、「平均客単価×のべ来客数」で構成されます。ありたい姿を達成するためには、どの構成要素がどれくらい必要であるか検討しましょう。

この飲食店は次のような現状とします。

● 現状

・平均客単価：6,000円

・のべ来客数：16,667名

平均客単価を上げることも非常に重要ですが、急に平均客単価を上げることで、そもそものべ来客数が減ってしまうことも考えられハードルは高いでしょう。のべ来客数を増加させることで十分金額的にインパクトを与えることができるので、今回は「のべ来客数を増加させる」ことが、売上高のありたい姿を実現させるために必要と仮説を立てます。

<事例>個人・小規模事業（飲食店）の場合 | 06

⑥ KPI設定

年間のKPI設定

ありたい姿を達成させるためのプロセスは明確化されたので、次に具体的な数値に落とし込みます。

● KPI設定

102,222,222円（ありたい姿に必要な売上高）÷
6,000円（平均客単価）

＝ 年間のべ来客数 ： 17,037名　が必要（年間370名増加）

KFS　　KPI

逆算することにより、のべ来客数は17,037名必要だということがわかりました。これをKPIに設定します。

年間KPIを日次KPIに落とし込む

KPIの設定として年間のべ来客数が決まったので、次は、月間で必要なのべ来客数を設定しましょう。

飲食店はシーズンによってどうしても浮き沈みが発生してしまう業種です。その浮き沈みを減らすことも売上高の増加に大きな影響がありますが、まずは**前年の来客数の月間ごとの分布を確認し、その割合に応じた数字をベースに月間のべ来客数を設定**します。

合理的なロジックが成立するのなら、もちろんほかの方法で月間のべ人数を算出しても問題ありません。月間のべ来客数が設定できたら、次は週間のべ来客数を設定し、その次は日次ベースの来客数を算出します。これが日々のKPIのベースになり、最終的には日次ごとにKPIを落とし込みましょう。

日ごとで管理することにより、達成できなかったときは翌日に繰り越すようにしていき、最終的に週間、月間でのべ来客数を達成することを目標に事業運営を行います。

イメージができるかと思いますが、これ以外の目標を別にもう一つ設定しても２つの目標を達成するのはかなりハードルが高いので、**重要な目標を１つ設定し、それを達成するためにまい進するのがベスト**だと思います。

繁閑を考慮した、のべ来客数（月、週）の設定

年間のべ来客者数　17,037名

月間来客者数

月	来客者数
4月	1,704名
5月	1,193名
6月	1,022名
7月	1,193名
8月	1,363名
9月	1,193名
10月	1,363名
11月	1,193名
12月	1,874名
1月	1,532名
2月	1,022名
3月	2,385名
合計→	17,037名

週間来客者数

1W目	2W目	3W目	4W目
290名	375名	494名	545名
203名	262名	346名	382名
174名	225名	296名	327名
203名	262名	346名	382名
232名	300名	395名	436名
203名	262名	346名	382名
232名	300名	395名	436名
203名	262名	346名	382名
319名	412名	543名	600名
261名	336名	444名	491名
174名	225名	296名	327名
405名	525名	692名	763名

※本来は日別、曜日別（平日、休日前後）などで細かく設定すべきですが、紙幅の関係で簡略的な内容になっています。

⑦実践とモニタリング

目標と実績の比較

目標であるKPIの設定が完了しました。達成できないKPIでは意味がありませんし、モニタリング(目標と実績の比較)もしないと意味がありません。モニタリングは、次表のように**日次ベースでKPIと実績を管理し、「具体的な取り組み」「差異発生の要因」「翌日以降の改善」を振り返り**、翌日以降のKPI達成に向けて実践していきます。

ある飲食店の日次KPIのモニタリングシート

日付	区分	数量(名)	内 容
yyyy年 mm月dd日 (aaa)	KPI	75	**具体的な取り組み:** 呼び込みの実施、配席マネジメントの徹底
	実績	72	**差異発生の要因:** 人員配置のミスにより呼び込み数が未達だった
	差異	-3	**翌日以降の改善:** 店内と店外の人員配置を声掛けの徹底により改善する

KPI管理の責任者を決める

事前にKPIの取り組みの責任者を決めておき、判断をする人、まとめる人を設定しておきます。責任者がいないと話がまとまらず、うまくいかないケースが多くあります。振り返りの方法についてはP.170をご参照ください。

①現状把握

財務情報は正しい解釈と鮮度の高さが大事

前ページまで個人事業や小規模事業クラスの飲食店の事例を見てきましたが、一般企業でのKPIマネジメントの方法であっても手順や内容に大きな違いはありません。ただ、小規模事業者と大きく異なる点は情報入手のハードルでしょう。

企業が大きくなってくると、会社としての「ありたい姿」「KGIの数字」「重要なプロセス」「KPIの数字」などの情報が、思い通りに現場に伝わるわけではありません。

また、経営者から現場に伝達されるまで、役員→部長→課長→主任→現場スタッフなど多くの人が介在することで、それぞれの解釈が変わってきたり、情報の鮮度が変わってきたりしてしまいます。

さらに、公表されている財務情報があっても詳細な情報まで獲得できないことで、ロジックで分析することが困難なケースもあります。

できるだけ**鮮度の高い情報を知っている関係者としっかりすり合わせ**を行い、**現状把握とありたい姿の確認**を行うことが重要です。

組織長に相談してみる

企業規模によっては、置かれた立場が異なると現状把握のレベル感も変わってきます。

経営者ならすべてを把握できているので問題ありませんが、現場スタッフの方々はすべての財務情報を把握することは簡単ではないでしょう。

部署の売上とコスト、利益については、おそらく多くの企業で現場部署の責任者(組織長)に一定の責任を負わせているでしょうから、自社の売上やコスト、利益などを把握したい場合は、自分の取り組んでいることとその背景を説明した上で、組織長に相談するのがいいでしょう。

会社の目標を財務情報の代わりにする

もし必要な財務情報の詳細がどうしても入手できないのであれば、**現状把握ではなく、ありたい姿とKGIを入手**してください。会社の方針を基にした目標は企業経営者から現場に与えているはずなので、その目標を改めて現場責任者(課長や主任)にしっかり確認してみます。

その確認をするときには、できるだけその目標数値(KGI)と**企業の方針(ありたい姿)がどのように結びついて設定されているかをよく教えてもらい**、自分の中でそのKGIと企業の方針に納得してから次のステップに進みましょう。

事業計画がないケース

前述のような方法でも現状把握ができないという場合は、**売上とコスト、利益の「計画」はあるはずなのでこれをヒアリング**します。

仮に、自組織において、そのような計画がない場合は、それは作る必要があります。作り方はそれぞれですが、計画が与えられていないということは、ある程度ボトムアップで自由に策定することが可能ということでもあります。

自組織で計画を立案する場合は、現場スタッフの方であれば、事前に組織長とありたい姿について相談やすり合わせをします。組織長であれば、役員、部長とすり合わせをしておきましょう。

ありたい姿がずれていると、後々コミュニケーションにギャップが生じるだけでなく、せっかくの計画も絵に描いた餅になってしまいます。

現状把握ができたら、部署単位のものでよいので、飲食店の場合と同じく簡易P/Lを作成します。

②ありたい姿の設定

ありたい姿の設定は独り善がりにしない

企業が明示しているありたい姿に社員が共感していることが前提ですが、そのありたい姿を自組織にも落とし込んで検討する必要があります。

定性的なありたい姿が会社にないという場合は、自組織の上長を交えて検討が必要となります。**できるだけ経営に近い上位の役職者を交えて話し合うと効果的**です。

自分自身だけで考えても、それが本当に組織の目指している方向性とマッチするのかはわかりません。仮に自分自身が考えたありたい姿をベースに業務に取り組んでいても、上長との間にズレが生じているとうまくいきませんし、計画達成も難しくなります。

大事な部分なので、時間と労力をかけてでも自分が納得できるよう、しっかり行いましょう。

ありたい姿を数値化する

さて、自組織の定性的なありたい姿がまとまったら次は、そのありたい姿を定量化しましょう。定量化して数値で示さないとKGI、KPIの設定ができませんし、客観的なモニタリングができません。

多くの場合は、部署の責任者がその上長から売上、コスト、利益の達成が要請されています。

要請された計画は達成する必要があるでしょうから、**自組織の中ではそれを少しでも上回るような数値計画を立てる**ことが重要です。

KGI設定

数値化した計画ができたら、次はKGIを明確にします。これは、定性的なありたい姿から数値化した計画を現場に伝達するときに明確になっていないと、うまくいきません。計画のうちどの項目をKGIとしていくかを検討することになります。

現場に伝達するときには、次図のように①ありたい姿と設定したKGI、②プロセス分析と設定したKFS、そして③設定したKPIをプロセスを含めて周知します。くどいようですが、すべては認識のすり合わせが重要です。

現場に伝達する3つの項目

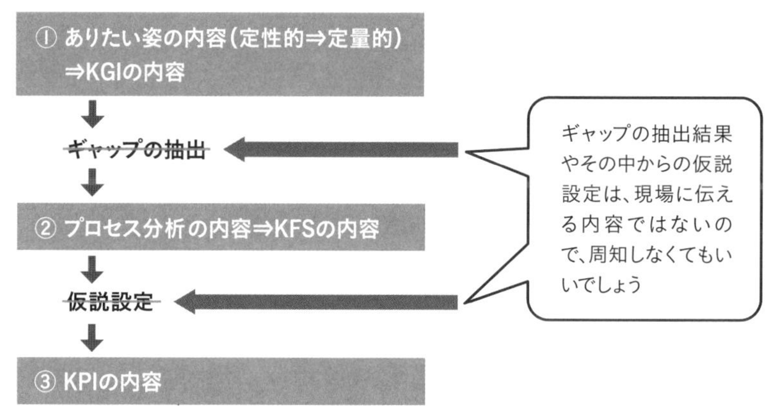

KGIはシンプルで実現性のあるものに

大きな組織だと、売上、コスト、利益をすべて把握して、それぞれの項目すべてにゴールの設定をすると管理が難しくなります。計画を達成するためには、売上高○○○万円、売上高10%アップなど**シンプルなKGIを設定**するよう心がけましょう。また、このKGIは、**部署の人数や工数を考慮して実現性のあるもの**にする必要があります。

<事例>中堅・大企業の場合 | 03

③ギャップの抽出

全社のKGIから自組織のギャップを考える

ここでは、公表されている決算書や組織長からヒアリングにより入手することができた**現状の簡易P/Lと、ありたい姿として設定されたKGIを簡易P/Lで比較して、そのギャップを抽出**します。

今回のケースでは、全社的に売上高アップを狙ったKGIがすでに設定されている前提とします。そのうち、自組織の現状の売上高は6億円で、今年は売上高を5％アップさせるというお達しがきたと仮定しましょう。

実際の実務においても売上高の目標や営業利益の目標がトップダウンで組織に下りてくることが多いかと思うので、ギャップの把握は容易に行うことができるでしょう。

売上高を比較

	現状	ありたい姿	ギャップ
売上高	600,000,000	630,000,000	−30,000,000

※簡易P/Lの売上原価以下は省略。

上表のように、6億円から5％アップなので、そのギャップは3,000万円です。売上高を3,000万円アップさせるために、どのようなプロセスが必要かを次ページで分析します。

④プロセス分析

売上金額を分解する

例えば、自組織が営業組織だったと仮定します。**KGIは売上高なので、売上高を上げるためには、どのようなプロセスで算定されるか分析**してみます。

売上金額の内訳には、既存顧客によるものと、新規顧客によるものが含まれています。既存顧客の売上高は、もちろん一人当たりの単価を上げることでも増やすことはできますが、既存顧客の流出も考えられます。

既存顧客による売上を維持することを前提とすれば、新規顧客の開拓をして顧客数を増やさないとKGIである売上金額が達成できないものと仮定します。これはあくまで仮定なので、それぞれの**自組織に合わせたロジック**にしてください。

新規受注額である新規顧客の売上金額は、平均受注単価に成約数を乗じたものになりますが、成約数は見込客への提案回数に成約率を乗じたものによって構成されています。計算式は次のようになります。

受注額(売上金額) ＝ 平均受注単価 × 見込客への提案回数 × 成約率

上の計算式は提案型の営業部署の売上金額のロジックなので、業種によって構成要素が異なることに留意してください。

⑤仮説設定

どれをKPIに設定するか

新規獲得の売上金額の計画を達成させるためには、次の**計算式のうちどの項目を改善すべきか（KPIにすべきか）の仮説を立てます。**

受注額（売上金額）＝平均受注単価×見込客への提案回数×成約率

平均受注単価の向上はどう？

既存顧客に対する売上金額の増加には大きく貢献しそうだが、新規顧客に対するアピールポイントにするには、値上げするとなかなか難しいかもしれない。

見込客への提案回数はどう？

営業機会の増加になるので、効果的に売上金額を増加させる要因になる。

成約率アップはどう？

営業手法などを変化させていかない場合、大きな改善には結びつかない可能性が高いと考えられる。

＜事例＞中堅・大企業の場合 | 06

⑥ KPI 設定

KFSを数値化してKPIを設定

今回の仮説(KFS)は、「見込客への提案回数」の増加にフォーカスすることにします。売上金額を3,000万円アップさせるために、下記の数値を仮定します。「平均受注単価」と「成約率」は固定としますので、見込客への提案回数50回をKPIとします。

● KFSとKPIの設定

売上高(現状):600,000,000円

⬇

売上高(KGI):630,000,000円(30,000,000円アップ)

平均受注単価:100万円(固定)

成約率:60%(固定)

見込客への提案回数 : 50回

(KFS:見込客への提案回数)(KPI:50回)

KPI設定により年間の見込客への提案回数が決まったので、これを月次、週次ベースに落とし込んでいきます。**現場では、ひたすらこの落とし込んだ見込客への提案回数を増加させるための施策を立案、実践していく**必要があります。

今回は、回数を増加させるというKPIを設定しましたが、単に回数を増加させるだけで、現状より提案の質が下がらないよう注意しましょう。質が低下すると成約率も落ちてしまいます。

⑦実践とモニタリング

KPIの実績を管理

実践とモニタリングも基本的には飲食店の事例と同様です。KPIの実績を管理し、「取り組み事項」「要因」「改善事項」を考えて、翌日、翌週以降のKPI達成に取り組みます。

当然ながらKPIの取り組みの責任者を決めておき、判断をする人、まとめる人を設定しておきましょう。

定期的な振り返り

できれば毎日定例的に振り返りを実施して、日々改善策を決めていくのが望ましいですが、最低でも月に1度は関係者を集めて振り返りを行いましょう。また、くどくなったとしても、**会社のありたい姿、目指すKGI、現場が担うKPIを論理立てて説明し、現状の振り返りや、改善策の検討、方向感のすり合わせ**をします。

そうでないと、現場はKPIをなぜ達成しなければいけないのか、なぜKPI責任者が毎日いろいろな指示を出しているのかということが納得できません。特に、人の入れ替わりが多い場合は、余計に現場に背景の理解が浸透しなくなっていきます。

このような事態になると、やはりKPIも最終目標であるKGIも達成することはできないでしょう。こういった結果を避けるためにも、**KPIはシンプルでわかりやすく、現場でマネジメントできる内容にするのが効果的**なのです。

①現状把握

KGIをROAにした場合のマネジメント

ここからは、企業内の中枢で全社の業績管理を担う部署の事例として、もう少し難易度の高い指標を設定したKPIマネジメントを見ていきます。

第２章で見てきた分析指標は企業の現状把握として活用されますが、その分析指標の改善を行うための具体的なマネジメントの方法になります。

前節まではできるだけわかりやすく浸透しやすいKGIとして、売上高を設定し、その売上高の構成するプロセスを分解してKGI達成のキーポイントとなる「年間のべ来客数」や「見込客への提案回数」をKPIに設定してきました。

現場へ落とし込むKPIは前節までと変わらず、できるだけわかりやすいものを設定する必要があります。ただ、業績管理を行う経営の中枢ではROAやROEなどの指標をKGIとする場合が多くあります。これはROAやROEの向上を国自体が推進していることや外部投資家が企業の総合力を見る際に参考指標としていることなどが理由です。

KGIがROA、ROEの場合は、**ROAやROEの数値のプロセスを分解し、現場が活用できる指標に落とし込む**点が目標達成のキモになります。

本節以降は、KGIをROAにした場合のマネジメント事例を紹介します。

簡易B/S、P/Lを作成

第２章などを参考に、簡易B/S、P/Lを作成します。業績管理を行う部署であれば社内の決算書が容易に入手できるでしょうし、公開企業であれば経常利益や総資産の値は連結ベース、単体ベースでも有価証券報告書から入手可能です。入手した決算情報から、まずは自社のROAの数値がどのようになっているかを把握してください。

ROAの算式

ROAの計算式は次のとおりです。なお、ROAの解説については第２章のP.62をご参照ください。

$$\text{ROA（総資産利益率）} = \frac{\text{経常利益（P/L）}}{\text{総資産（B/S）}} \times 100$$

例えば、総資産15億円、経常利益6,000万円だった場合、ROAは４％になります。

ROA ４％＝60,000,000円÷1,500,000,000円×100

ROAはその分母に総資産が含まれることから、企業年齢や業種の特徴によっても大小があるため、**同業他社比較などを行うとより自社の現状が適切に把握**できます。

②ありたい姿の設定

日本企業のROAの現状

ROEの水準についてはその目安として、８％を達成することとされています。ROAは５％を達成することが目安になります。これは、2018年に日本政府が進める成長戦略「未来投資戦略」において、2025年までに大企業(TOPIX500)のROAを欧米諸国と遜色ない５％水準を目指す、と提案したことが影響しています。

- **《KPI》大企業(TOPIX500)のROAについて、2025年までに欧米企業に遜色のない水準を目指す**

 ⇒日本(TOPIX500)：4.0%
 米国(S&P500)：5.4%
 欧州(BE500)：4.7%

※いずれも昨年(2017年)４月から本年(2018年)３月の期間における各企業の年次決算について本年５月下旬時点で算出。
(出典)「未来投資戦略2018」(2018年６月15日)首相官邸資料より抜粋。

欧米諸国の企業は日本企業に比べて、企業年齢を重ね、また多角化、巨大化するにつれて利益率が向上しROAも高く維持する傾向にあります。不採算事業の整理や効率性を重視した戦略が影響していると考えられます。しかしながら、日本の企業は、企業寿命が長いことはご存じかと思いますが、事業継続年数(企業年齢)が経過すると、**多角化しても利益を創出しない事業をそのまま保持し、全社的にROAが下がる傾向**があるようです。つまり**効率的な経営活動ができていない**ことを意味します。

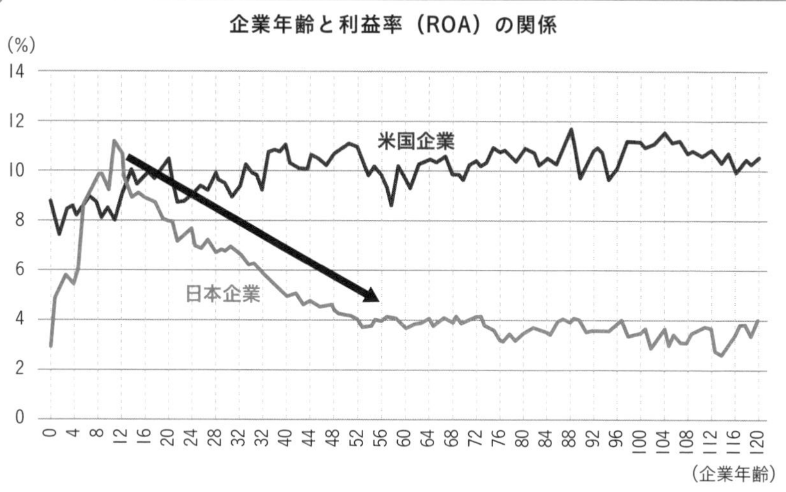

(出典)「成長戦略実行計画」(2019年6月15日)首相官邸資料より抜粋

ROAが5%以下の場合

こういった背景を知った上で、あるべきROAを設定するにあたり、日本企業や業種の特徴、企業年齢も考慮した検討が必要ですが、ROAが５％に満たない企業は、５％を一つの目安としてKGIを設定するとよいでしょう。

企業が目的としている定性的なありたい姿ありきで、KGIとして数値設定するのが通常ですが、ROAなど一定基準の目標が国等で設定されている場合は、まずは**その数値を直近のターゲットとして自社のKGIとして取り組み**、現場に伝えるときも、**国の施策の方針を考慮した設定であることをしっかりと伝える**必要があります。

資産を多く持たない業種のベンチャー企業などで収益性が高く、ROAの数値がすでに５％を超えているような場合は、同業他社をベンチマークにしたり、自社のROAを「前年比〇％アップした□％」としたりするなど、独自のKGIを設定してください。今回の事例では、日本企業(TOPIX500)が目指している「ROA ５％」をKGIとします。

③ギャップの抽出

大企業ほどROAの差額の影響は大

事例企業の現状のROAは４％と計算されましたが、KGIは、日本が推奨する５％にします。現状とのギャップは「マイナス１％」となります。

一見するとマイナス１％の差は、わずかに思えるかもしれませんが、たとえマイナス１％であっても規模が大きな企業ほど、その「差額」が大きくなります。

その理由として、ROAを構成する要素が、「総資産」と「経常利益」で、**B/SとP/Lの両方にわたる**こと。また、分母の金額となる**「総資産」は、企業全体のB/S中でも、もっとも大きな合計金額**によって算出されることが影響します。少額の増減だけでは埋めることができない差であることもあります。

構成する要素が複数に渡って連動していて、ここではひと言でKPI設定のためのギャップを明らかにできません。詳細はKPI設定と併せて解説していますので、P.180をご覧ください。

ROAを比較

	現状	ありたい姿	ギャップ
ROA	4%	5%	-1%

④プロセス分析

ROAを分析する

KGIをROA（総資産利益率）とした場合のプロセスや構造を分析します。

ROAの数式を見ると、「経常利益を上げる」か「総資産を減らす」とROAが高くなり、さらにもっとも効率的なのは、経常利益と総資産の両方を改善することだということがわかります。

$$\text{ROA（総資産利益率）} = \frac{\text{経常利益(P/L)}}{\text{総資産(B/S)}} \times 100$$

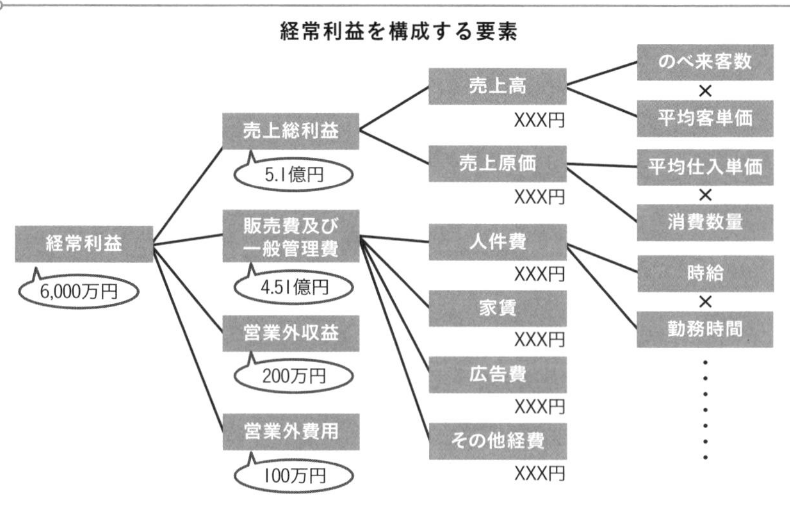

経常利益は、売上高から売上原価、販売費及び一般管理費を控除し、営業外収益・費用を加減算したものです。総資産は、次図のようにB/Sの流動資産、固定資産から構成されています。

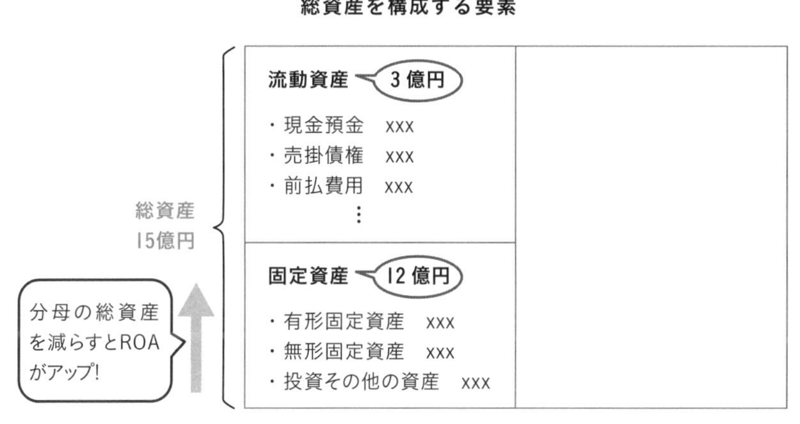

財務指標で改善ポイントのめどを付ける

本節の2つの図を見てもわかるように、分析指標をKGIにすると単純な売上高のみをKGIとした場合と違って、その分析指標を構成する要素が多くなるため、**KPIを設定するための改善のポイントがどこなのかあぶり出すのにパワーがかかります。**

そこで役立つのが第2章の財務指標です。最初に行う現状把握の時点で、**簡易B/S、P/Lを基にして複数の財務指標であらかじめ分析しておくと改善ポイントがおのずと見えてきます。**

例えば、「売掛債権回転率」「棚卸資産回転率」「総資産回転率」「流動比率」「固定比率」は、総資産項目の影響を分析するのに使えます。一方の利益の分析をするには、「収益性の分析（観点3）」を使えばどの利益率に課題があるかある程度絞っておくことができます。**改善ポイントは複数あってよいので、財務指標でおおよそのめど**を付けておいてください。

⑤仮説設定

現場組織ごとにKPIを設定する

仮説設定は複数検討することにします。KPIとなる数字は基本的に１つに絞り込むという話をしてきましたが、今回の事例は業績管理組織が企業として設定したROAを達成することがゴールです。

企業全体の業績管理を行っているので、現場の組織ごとにKPIを設定することが可能です。そのため、今回は組織ごとに異なるKPIを設定して、最終的に企業としてROAの目標達成をすることができればKPIが複数になることに問題はありません。

組織単位でKPIを１つ設定すれば、**企業全部のKPIがどれも達成できないといった最悪の事態は起こりにくくなります。**いわゆるリスクヘッジができるのです。

また、業績管理組織がその組織でしか改善できないポイントを割り振れば、より効率的に成果を上げることが想定できます。つまりKGI達成のためにKPIの役割分担をするということです。

総資産回転率の仮説設定

仮に、総資産回転率の数値が良くなかったとします。その中身を見てみると、同業他社に比べて有形固定資産の金額が大きくなっていることが要因として考えられるとします。

このような場合は、有形固定資産のうち、収益性が高くない(活用して収益を上げるはずのものだが想定より上がっていない)ものをピックアップして、「これ以上収益を上げることができるか」「思うような収益を上げることができていない場合は処分することを検討できないか」などの仮説を立てます。

例えば、有形固定資産のうち、型式が古く生産性が低いことが要因で同業他社に比べて収益性が低いことが確認できたのなら、売却したり、除却(使用しなくなって倉庫などで保管すること)したり、処分したりという判断が必要になります。

有形固定資産が減れば、総資産が減るので、ROAは改善傾向に向かいます。このような資産処分の判断は、全社横断的に見定める必要があるため、業績管理組織にてKPIを設定すると実現性が高くなります。

経常利益の仮説設定

続いては、経常利益に関する仮説設定です。

経常利益を構成するのは、売上高から売上原価や販売費及び一般管理費を控除し、営業外収益・費用を加減算したものなので、当然この中から改善ポイントを見つけることになります。

金額規模により、営業外収益・費用項目は影響が軽微なものとして検討スコープから除外して、「営業利益の改善」として現場に通達して問題ありません。ただし、ここでは具体的な仮説設定は現場に任せて、業績管理組織として、どの部門にどれだけ「営業利益を改善させるか」を決めて割り振りをするほうが無難です。なぜかといえば、その組織の売上高や経費のことはその組織が一番詳しいはずですし、目標達成の実現性も理解しています。

むやみやたらに業績管理組織からトップダウンで現場部門に具体的なKPIを設定して指示をしても、実現性が困難な指標で自組織にマッチしていないようであれば、目標達成確率は低くなることが容易に想定されます。であれば**利益目標のみ現場に与えて、プロセスと構造分析から現場組織に任せて、仮説設定とKPI設定をさせるようなボトムアップ方式**によるほうが、効果が大きいと考えられます。

そして、その組織で売上高の向上を図るのか、もしくは経費を削減してより営業利益を達成するのかを検討するほうが、スムーズにKGIを達成させるコツになります。

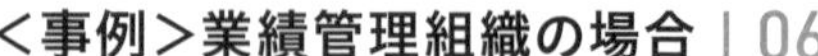

⑥ KPI設定

ROAを上げるのは大変

KPIの設定に移りましょう。

今回の事例で把握した現状は、総資産が15億円で、経常利益6,000万円、ROAは４％でした。これを５％まで上げることを全社的な目標(KGI)にしています。

まずは、シンプルに、経常利益か総資産のどちらか一方で５％を達成すると考えてみます。経常利益のみの場合では7,500万円(プラス1,500万円)必要になります。総資産のみの場合は、12億円(マイナス３億円)まで減らす必要があります。

単なるROAの１％でも経常利益は25％アップさせなければならず、３億円の資産を減らすというのもかなりハードルは高いと想像できることでしょう。

今回のケースは、経常利益の改善と有形固定資産の整理が必要として、経常利益のほうは7,250万円まで向上させ、有形固定資産は事業活動に影響が大きく出ない現実的に削減可能な5,000万円の金額を減らすことを目標にします。これをKPIとし、ROA ５％の達成を目指します。

● KPI設定

経常利益の増加額：12,500,000円
有形固定資産の削減額：50,000,000円

業績管理組織が中心となって動く

経常利益は全社で1,250万円を増加させる必要があります。実際は組織ごとの規模が異なるので、それぞれ適正な割り振りをする必要がありますが、ここでは5部門(いずれも営業組織と仮定)に均等に250万円ずつ割り振ることにしましょう。1年間で250万円であれば、実現不可能な数値でもないように見えてきます。

組織によって売上高を増加させるためのKPIを設定するところもあるでしょうし、経費の削減効果のあるKPIを設定するところもあるでしょう。

事前に業績管理組織は、設定する**KPIの数は1つの組織で1つとし、KPIの内容はシンプルでわかりやすく実現性があるもの**にするといった**ルールを現場組織に説明**しておきましょう。

業績管理組織が中心となってリードしていかないと、全社目標数値のROAには届かなくなってしまいます。

しっかり成果に結びつくように、**主体的にKPIマネジメントに関与**するようにしてください。

有形固定資産の削減の目安

有効活用できていない土地、建物造作や車両などの有形固定資産の削減ですが、これは「平均単価金額×件数」によって構成されます。したがって月ごとにおおよその目安となる件数を処分していく必要があります。

ここでは平均単価金額220万円と仮定して、毎月2件(処分金額417万円)の有形固定資産を処分するKPIを設定しました。

なお、年間KPIの目標数値が12か月で割り切れない場合は、年間トータルでKPIを上回るよう各月の金額は切り上げてください。

＜事例＞業績管理組織の場合 | 07

⑦実践とモニタリング

全社共通のモニタリングシートを使う

モニタリングは、基本的に他の事例と同じく組織ごとにそれぞれ行う必要がありますが、業績管理組織としては全社共通のフォーマットを使用するとマネジメントが行いやすいので、ルール説明とともに**モニタリングシートの提供**も行いましょう。シートはシンプルにして、**KPIに対する「実績数値」「差異」「進捗状況」「差異要因」「改善の打ち手」の項目を列挙**します。

業績管理組織では、少なくとも**月に1回**は現場から状況把握のためこの**フォーマットを回収し、全社合計での達成状況を把握し、経営にアカウント**する必要があります。経営層は現状の進捗状況を踏まえ、全社的な方針のかじ取りを行います。

目的は数値目標を達成すること

ここまで事例を挙げてきましたが、いかがでしょうか。自社での運用イメージはできましたか？　手順さえおさえてしまえば、KPI設定まではそれほど大変ではないはずです。**大変なのはモニタリングを継続すること**です。

そしてKPIマネジメントの運用を回すことが目的にならないようにすることです。

あくまでも数値目標を達成することが目的であり、モニタリングは手段です。基本的なことではありますが、**PDCAサイクルを継続して回転させることがもっとも重要**なので、必然的にこのPDCAサイクルが回るような仕組み作りにも挑戦してみてください。きっと企業の成長の一助となるでしょう。

もう一歩先へ
進みたい方へ

ファイナンスの全体像を知っておこう！

ファイナンスの役割と目的

資金調達・活用が重要な役割

本書において、ファイナンスとは企業における「コーポレート・ファイナンス」を範囲として説明します。

ファイナンスは、日本語で「財務」などに訳され、企業がお金をマネジメントすることの意味で使われています。お金の範囲を明確に表現するのは難しいですが、**企業における、資金調達からその活用方法の検討、管理**などがその範囲といっていいでしょう。

資金調達の観点では、出資や融資を受けることを指し、活用方法の観点では、設備投資や研究開発もファイナンスの範囲になります。

つまり**「どのように資金を調達し、どのように活用するかを検討すること」**がファイナンスの役割となります。

目的は企業の価値を最大化すること

ファイナンスの目的は**「企業価値の最大化」**とされています。これは会計も同様ですが、企業活動自体の目的との関係が深いものです。

企業活動の目的は、継続的に利益を創出するゴーイングコンサーンであると第１章でお伝えしました。

やはり、企業が継続的に利益を創出するには、投資原資としての元になるお金が必要です。その資金を集めるためには企業に魅力が必要で、その魅力の判断材料として企業価値が上がり、それを最大化することが企業のミッションの一つであり、ファイナンスの目的になっています。

ファイナンス指標を学ぶ｜01

企業価値を数値化する

ファイナンスで使用される指標とは?

ファイナンスにおいても、会計とおなじく目的に応じてさまざまな指標が使われます。

企業価値の最大化を目的としていることから、どのように企業価値を数値化して示すか、企業によっても異なります。そしてそのファイナンス指標は**企業価値をもっとも伝えたい市場の投資家たちを対象**としていることが多いものですが、最近は**社内でファイナンス指標を経営指標**としている企業も多くなってきました。ROA、ROEもファイナンス指標として活用されていますが、ファイナンスの世界では以下のような指標も活用されています。

主なファイナンス指標

①**EPS**(Earnings Per Share)：1株当たりの当期利益(P. 186)
②**PER**(Price Earnings Ratio)：株価収益率(P.186)
③**BPS**(Book-value Per Share)：1株当たりの純資産額(P.187)
④**PBR**(Price Book-value Ratio)：株価純資産倍率(P.187)
⑤**ROI**(Return On Investment)：投資収益率(P.188)
⑥**EVA**(Economic Value Added)：経済的付加価値(P.189)
⑦**CCC**(Cash Conversion Cycle)：現金換算サイクル(P.189)
⑧**EBIT**(Earnings Before Interest and Taxes)：支払金利前税引前利益(P.190)
⑨**EBITDA**(Earnings Before Interest Taxes Depreciation and Amortization)：支払金利償却前税引前利益(P.191)

ファイナンス指標を学ぶ | 02

9つの指標

①EPS指標が示すこと

EPS(1株当たりの当期利益) ＝ 当期純利益 / 発行済株式数

EPS(Earnings Per Share)は、**「1株当たりの当期利益」**を示します。株式市場において、投資家などが企業の価値を評価するために用いる指標で、会社規模によらず他社比較が可能です。そのため、**多くの企業が経営指標として用いる**ようになってきました。

過年度との比較や将来のEPSを目標値として活用することで成長性を見る指標としても有用です。しかし、発行済株式数で除するというシンプルな計算式であることから、株式数の増減によってEPSの数値が変動することに注意が必要です。

②PER指標が示すこと

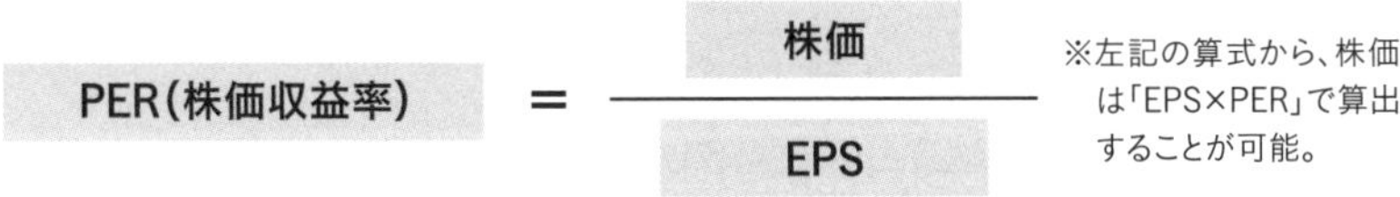

PER(株価収益率)
＝
株価
EPS
※左記の算式から、株価は「EPS×PER」で算出することが可能。

PER(Price Earnings Ratio)は、**「株価収益率」**を示します。1株当たりの当期利益(EPS)の何倍の価格が付けられているかを示す指標です。

PERが低いようであれば、その株価は「割安より」であり、高いようであればその株価は「割高より」といわれます。

そして、将来の成長が期待されている企業ほどPERが高くなる傾向があるので、実績より割高な株価になる傾向があります。ただ、何倍であったら割安か割高かと明確に区分することが難しいため、同業他社との比較などに活用することが多い指標です。

おおよその目安は、**日本企業の平均値より15倍**とされています。これは毎年利益が同じであれば15年分の価格であるということを示しています。

業種や企業によって成長性などは大きく変わるため、一概に15倍より高いか否かで割安か割高かを判断することはできません。ここでも他社比較が重要となってきます。

③BPS指標が示すこと

BPS(Book-value Per Share)は、**「1株当たりの純資産額」**を示します。投資家などが安全性を見る指標として用いることが多い指標です。数値が高ければより安定性は高いものとなりますが、これもEPS同様、発行済株式数で除して算出することから、株式数の増減によってBPSの数値が変動することを認識しておく必要があります。

④PBR指標が示すこと

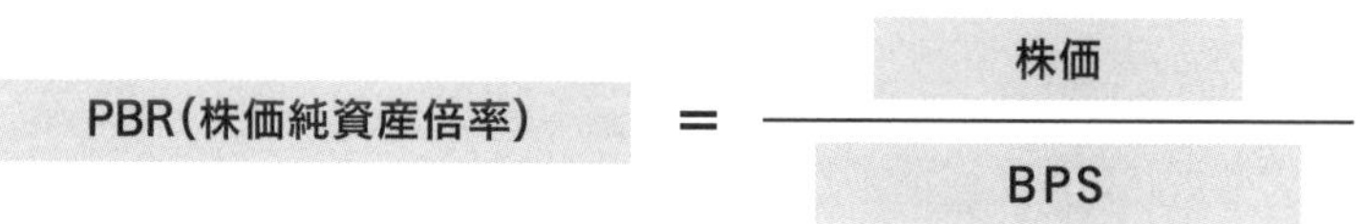

PBR(Price Book-value Ratio)は、**「株価純資産倍率」**を示します。1株当

たりの純資産額(BPS)の何倍の価格が付けられているかを表す指標です。

PER同様、PBRが低いようであれば「割安」、高いようであれば「割高」であるといわれます。

PBRはその計算式の分母がBPS(1株当たりの純資産額)であることから、長年継続的に収益を上げ利益をストックしてきた企業は、BPSが高くPBRが低くなります。一方、ベンチャー企業など内部留保が少ない企業は分母となる純資産額の蓄積が少ないので、PBRが割高になる傾向があります。PBRもPER同様、同業他社との比較などを活用すると有効的です。

目安としては一般的に、PBRが1倍以上なら割高、**1倍を切るようであれば割安**とされています。PBRが1倍となると、その株価は1株当たりの純資産と等しくなることを示します。

⑤ROI指標が示すこと

$$\text{ROI(投資収益率)} = \frac{\text{利益}}{\text{投資額}} \times 100$$

ROI(Return On Investment)は**「投資収益率」**を示します。これは簡単にいうと、「その投資でいくら利益が上がったか」を表す指標です。**数値が高ければその投資が成功**していることになります。シンプルで活用しやすいため、企業内の投資判断の指標として利用されることが多い指標です。

例えば、ある投資に伴う利益を予測し、その利益をベースに算出したROIを基にして投資を実行するかどうかの判断に使われたりします。

また投資した結果の利益をベースに投資対効果としての結果をモニタリングし、その投資がうまくいっているかどうかの指標としても活用されています。

ポイントは、算式にある利益の設定で、影響が及ばない売上やコストを除いた利益をベースに計算する点です。投資による利益がその投資効果を示すため、会社全体の売上総利益や営業利益ではなく、その投資による利益をピックアップする必要があります。

⑥EVA指標が示すこと

EVA（経済的付加価値） ＝ （税引後営業利益－投下資本） × 資本コスト率

EVA（Economic Value Added）は、**「経済的付加価値」**を示します。一定期間で創出している価値を表す指標です。言葉は難しいのですが、企業の資金調達コストである**「資本コスト」以上に利益を生み出せているかどうか**ということを見る指標です。

投下資本は、有利子負債と株主資本の合計額です。資本コスト率には、「WACC（加重平均資本コスト）」というものがありますが、これは借入にかかるコスト（支払利息）と、株主資本調達コストを平均したものです。

WACC（Weighted Average Cost of Capital）＝（（負債／負債＋株式時価）×負債コスト率×（1－実効税率））＋（（株式時価／負債＋株式時価）×株主資本コスト率）

※負債コストは経費になるため、税率分コストが減少する。

⑦CCC指標が示すこと

CCC（現金換算サイクル） ＝ 売掛債権回転期間 ＋ 棚卸資産回転期間 － 仕入債務回転期間

CCC（Cash Conversion Cycle）は、日本語に直訳すれば、現金が転換する周期となり、**「現金換算サイクル」**を示します。簡単にいうと企業が現金を回収するスピードを表す指標です。棚卸資産回転期間も考慮されることから、特に在庫を抱える小売業等において有用な指標です。

効率性の指標であり、仕入れから商品の販売までの経済活動に伴うキャッシュを回収するまでの期間を表します。この**期間が短いほうが、資金効率が高く、資金繰りが安定している**企業となるわけです。

なお、算出に用いる売掛債権、棚卸資産、仕入債務の金額は、期末金額ではなく、期中の平均値を用いる(期首と期末の金額を足して2で除するなど)ことが一般的です。

現金循環のサイクル

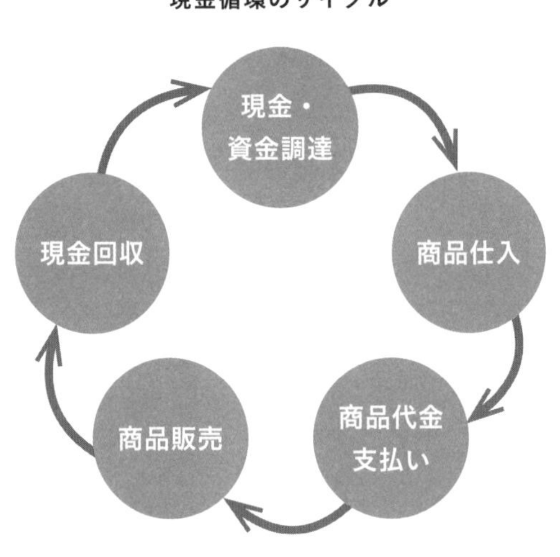

⑧EBIT指標が示すこと

EBIT(支払金利前税引前利益) ＝ **税引前当期純利益** ＋ **支払利息** － **受取利息**

EBIT(Earnings Before Interest and Taxes)は、税引前当期純利益から金利を除いたもので、**「支払金利前税引前利益」**を示します。

算出の基礎となる利益は企業によってさまざまであり、営業利益や経常利益から算出する方法も広く利用されています。

経常利益や税引前当期純利益から算出する場合は、金利収入を除き、支払金利を加算しますが、営業利益から計算する場合は、金利以外に発生する営業外損益項目を調整する必要があります。

⑨EBITDA指標が示すこと

EBITDA（支払金利償却前税引前利益）＝ 税引前当期純利益 ＋ 支払利息 ＋ 減価償却費

EBITDA(Earnings Before Interest Taxes Depreciation and Amortization)は、**「支払金利償却前税引前利益」**や**「償却前利益」**といわれ、償却前の利益を示します。償却というのは、固定資産を一定期間で費用処理する減価償却のことをいい、減価償却費は利益を減らしますが、直接現金を減らす項目ではないものです。これを利益に対して加算するため、EBITDAはEBITよりもキャッシュ・フローに近いものになります。EBITとEBITDAについては、P.197のコラムも参照してください。

コラム

会計とファイナンスの違い

会計の目的は第1章でも見てきたとおり、一定の基準によって作成された決算書を利害関係者に公表するためと、内部の業績管理で使用するための2つがあります。

一方、ファイナンスの目的はお金のマネジメントが主な役割で、「集める」「使う」「増やす」などの意思決定に重きを置いている点で異なっています。

ただし、そのファイナンス活動の結果が決算書に反映されることから、会計と密接な関係にあることは言うまでもありません。

評価手法を学ぶ

企業評価としてのファイナンス

企業評価とは

前節までは、ファイナンス面から見た経営指標を解説してきました。聞き慣れない言葉が増えその内容も複雑になってきたかもしれません。会計やファイナンスにおける指標はとても多く、難しい計算をすることもあります。抵抗を感じた方は、**どのような観点でこのような指標があるのか**、ということを知っただけでも意義はあると思います。実務で触れる機会があるときに身につけていけばよい内容なので、無理に暗記しようとは思わないでください。

本節では、企業評価に関して理解を深めたいと思います。企業評価とは、例えば**M&Aにより自社や相手企業の価値を評価すること**です。そのようなときはファイナンス面から評価するため、その測定のポイントについて解説していきます。

本来、ファイナンスにおいて評価する場合には、資産や負債の考え方は少し会計と異なる部分がありますが、考え方を身につけることを目的とするため、会計の資産・負債ベースで解説していきます。

時間的価値を知ろう

お金の価値を考えるときに時間的な価値を考慮して考えていますか？

今ある100万円と1年後に得られる100万円はどちらも同じ100万円ですが、時間的な価値を考慮すると、**現在の100万円のほうが価値が高い**と考えます。

具体的には、今ある100万を元本が保証されている銀行の貯金に回せば、微々たる金額ですが利息が付いて、1年後には100万円以上になるのが通常です。したがって今ある100万円のほうが、1年後に得られる100万円よりも1年後には利息が付いて100万円以上になるので価値がある、ということになります。

さらに、この100万円＋金利をもう1年口座から引き出さずに寝かせておくとさらにもう1年分の金利が付くことになり、2年後に得られる100万円と大きく差が生じることになります。

このような**お金に対する現在の価値の考え方は、ファイナンス力を高める上で非常に重要**な考え方になります。

100万円の時間的価値

今持っている100万円 ≠ 1年後にもらえる100万円

今持っている100万円が3％で運用できたとすると

逆に1年後の103万円は、今の価値にすると100万円ということ

割引現在価値とは？

お金に時間的な価値を反映させて考えることが重要と説明しました。

将来得られるキャッシュ・フローに注目し、そのキャッシュ・フローの価値が現在の金額に換算するといくらであるかを表すものとして「割引現在価値」というものがあります。これは、将来のキャッシュ・フローを割引率（いわゆる金利の率）を用いて、現在の価値まで割り引いて計算する手法です。

DCF法

DCF(Discount Cash Flow)法は、将来得られるであろうFCF(フリー・キャッシュ・フロー)を、割引現在価値の考え方を用いて評価する方法で、企業価値の評価の際に用いられることが多い評価手法です。

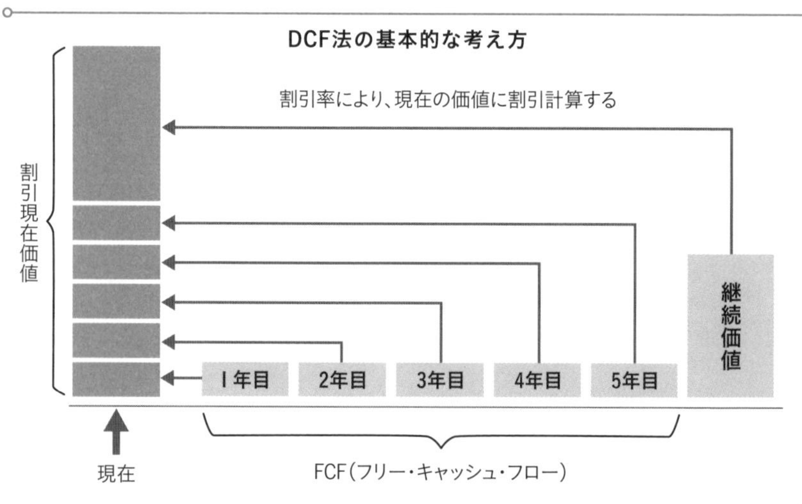

FCF

FCF(Free Cash Flow／フリー・キャッシュ・フロー)とは、企業が事業活動により稼ぎ出した営業利益のうち、資金調達の利害関係者へ還元することが可能なキャッシュ・フローを表します。計算式は次のとおりです。

- **FCF(フリー・キャッシュ・フロー)**

  営業利益×(1－法人税率)＋減価償却費－設備投資－運転資本

割引率

割引率とは、将来受け取るキャッシュを現在の価値に割り引くときの料率を、1年当たりの割合で示した数値です。

n年後のキャッシュ・フローの現在価値と、割引率(r)の関係を、次の式で示します。

> **現在価値(割引率)**
> C÷(1+r)n
> ※キャッシュ・フロー(C)、割引率(r)

継続価値

継続価値は、実務上次の計算式により算出することができます。

> **継続価値**
> 継続期間のFCF÷割引率

DCF法を活用した企業評価の例

DCF法を活用した企業評価は、具体的には下記の2つのプロセスにより行われます。

①事業価値の算定

②その企業の事業以外の資産を加算する

事業評価の算定は、5年間のFCFを算出し、その後の継続価値を算出します。このFCFと継続価値を現在価値に割り引いて集計することにより、事業価値が算定されます。

算定された事業価値に現金や有価証券などの金融資産(事業外資産)を加算したものが、企業価値となります。

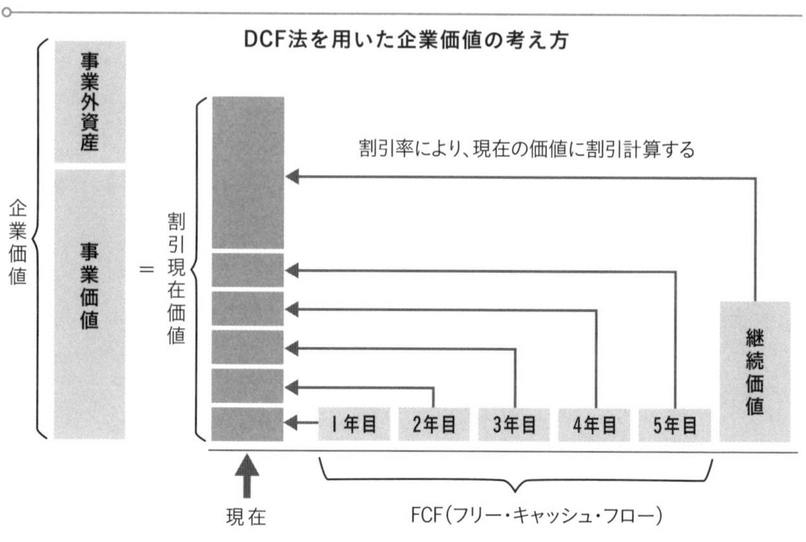
DCF法を用いた企業価値の考え方
企業価値
事業外資産
事業価値
=
割引現在価値
割引率により、現在の価値に割引計算する
1年目
2年目
3年目
4年目
5年目
継続価値
現在
FCF(フリー・キャッシュ・フロー)

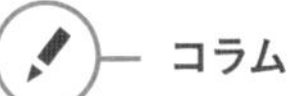

コラム

EBITとEBITDA

企業分析をしているとよく出てくる「EBIT」や「EBITDA」。

P/Lにはちゃんと利益が表示されているのに、なぜこのような別の指標が必要となってくるのでしょうか。

> **EBIT**
> 税引前当期純利益＋支払利息－受取利息

EBIT（イービット）は、Earnings Before Interest and Taxesの略で、「支払金利前税引前利益」などと呼ばれます。

税引前当期純利益といえば、税金を控除する直前の利益なので、支払利息や受取利息を含んだあとの利益です。

この税引前当期純利益に、支払利息を加算し、受取利息を減算するということは、税引前当期純利益から「金利を除く」ことを意味します。

スタートアップ企業や設備投資を積極的に行っている企業は、資金調達をしていて金利が他社に比べて多く発生していることがあります。

そのため、その企業本来の「収益力」を分析する観点から、金利を除いた税引前当期純利益を指標にするのです。また海外でも採用されている指標なので、金利水準の異なる海外企業との比較も可能です。

> **EBITDA**
> - 税引前当期純利益＋支払利息－受取利息＋減価償却費（EBIT＋減価償却費）
> - 税引前当期純利益＋支払利息＋減価償却費

EBITDA（イービットディーエー、イービットダー、イービッダー）は、Earnings Before Interest Taxes Depreciation and Amortizationの

略で、「償却前利益」などと呼ばれます。

EBITの観点に加えて、利益から「減価償却費を除く」ことで、海外との減価償却方法の違いも考慮しなくていいので、比較が容易になります。

また減価償却費は設備投資を積極的に行う企業は負担が大きいコストですが、コスト計上時に現金が出ていくものではないため、より利益をキャッシュ・フローベースに近づける役目も果たします。

なお、EBITやEBITDAは、目的は同じですが企業の特性によって計算式が異なることも多いので、その企業が採用している計算式を確認しましょう。

このため多くのケースでは、EBITやEBITDAを表示する際は、計算式を記載することがほとんどです。

●まとめ

<メリット>

●企業が稼ぎ出す本業での収益力をピックアップできる

●海外企業との比較できる(金利水準、償却方法、税率の違いを避ける)

●EBITDAは利益をキャッシュ・フローベースに近づけられる

<デメリット>

●日本の会計基準に従った利益ではないため、実際の利益とは異なる

●企業によって計算式が異なることがあるため、比較する場合は調整が必要

本書内容に関するお問い合わせについて

このたびは翔泳社の書籍をお買い上げいただき、誠にありがとうございます。弊社では、読者の皆様からのお問い合わせに適切に対応させていただくため、以下のガイドラインへのご協力をお願い致しております。下記項目をお読みいただき、手順に従ってお問い合わせください。

●ご質問される前に

弊社Webサイトの「正誤表」をご参照ください。これまでに判明した正誤や追加情報を掲載しています。

正誤表　https://www.shoeisha.co.jp/book/errata/

●ご質問方法

弊社Webサイトの「刊行物Q&A」をご利用ください。

刊行物Q&A　https://www.shoeisha.co.jp/book/qa/

インターネットをご利用でない場合は、FAX または郵便にて、下記"翔泳社 愛読者サービスセンター"までお問い合わせください。
電話でのご質問は、お受けしておりません。

●回答について

回答は、ご質問いただいた手段によってご返事申し上げます。ご質問の内容によっては、回答に数日ないしはそれ以上の期間を要する場合があります。

●ご質問に際してのご注意

本書の対象を越えるもの、記述個所を特定されないもの、また読者固有の環境に起因するご質問等にはお答えできませんので、予めご了承ください。

●郵便物送付先およびFAX番号

送付先住所　〒160-0006　東京都新宿区舟町 5
FAX番号　03-5362-3818
宛先　（株）翔泳社 愛読者サービスセンター

●免責事項

※本書の記載内容は、一部を除き2020年８月現在の法令等に基づいています。
※本書の出版にあたっては正確な記述に努めましたが、著者および出版社のいずれも、本書の内容に対してなんらかの保証をするものではありません。また、内容やサンプルに基づく、いかなる運用結果に関してもいっさいの責任を負いません。
※本書に記載された商品・サービスの内容や価格、URL 等は予告なく変更される場合があります。
※本書に記載されている会社名、製品名はそれぞれ各社の商標および登録商標です。
※本書では™、®、©は割愛させていただいております。

著者紹介

小嶋 辰緒（こじま・たつお）

1982年埼玉県川越市生まれ。タドルコ会計事務所代表。税理士。
明治大学専門職大学院 グローバル・ビジネス研究科修了、MBA取得。
会計事務所、㈱リクルートホールディングスを経て独立。
現在は、上場関連企業や中小企業の税務支援、経営支援に従事。
リクルートでは、新規事業の業務設計支援や税務コストマネジメント、税務リスクマネジメントに従事し、M&A、IPO、IFRS導入に関与。

装丁デザイン　大岡 喜直（next door design）
本文デザイン・DTP　ISSHIKI（デジカル）

「その数字、裏付けあるの？」と言わせない
【図解】会計思考を使ってビジネス戦略・分析ができる本

2020年 9月16日 初版第1刷発行

著　　者　小嶋 辰緒
発 行 人　佐々木 幹夫
発 行 所　株式会社 翔泳社（https://www.shoeisha.co.jp）
印刷・製本　日経印刷 株式会社

本書へのお問い合わせについては、199ページの記載内容をお読みください。
造本には細心の注意を払っておりますが、万一、乱丁（ページの順序違い）や落丁（ページの抜け）がございましたら、お取り替えいたします。03-5362-3705までご連絡ください。

ISBN978-4-7981-6392-5　Printed in Japan